실존주의자로
사는 법

How To Be an Existentialist

실존주의자로 사는 법

게리 콕스 지음
지여울 옮김

차례

들어가며

장 폴 사르트르(Jean-Paul Sartre) 같은 강경파 실존주의자들에 따르면 언제 무엇을 하든지 — 물론 절벽에서 떨어지는 일 같은 건 논외로 두고 — 우리는 그 행동을 하기로 '선택'한 것이며, 그 행동에 '책임'을 져야 한다. 지금 이 책을 펼친 당신도 그러기로 선택한 셈이다. 그리고 당신은 자기 행동에 책임을 져야 한다. 아무리 별 뜻 없이 한 행동이라도 예외는 아니다.

당신은 3시 기차로 도착하는 연인을 기다리느라 서점에서 시간을 때우다가 이 책을 집어 들었을지도 모른다. 이 책을 살 마음이 전혀 없다면 당신은 이 책을 서가나 '세 권을 두 권 가격으로!'라고 쓰인 할인 판매대에 내려놓을 것이다. 혹시 당신을 염탐할지 모르는 사람에게 보이기 위해 '나는 여기에 책을 사러 온 게 맞지만, 이 책은 내가 찾는 책이 아닌걸'이라는 의미로 짐짓 얼굴을 찌푸릴 수도 있다. 물론 나는 당신의 행동을 다 읽을 수 있는 양 함부로 단정해서는 안 된다. 당신에게는 자유의지가 있으며, 자신이 선택한 대로 행동할 것이기 때문이다. 그렇다. 다른 모든 사람과 마찬가지로 당신에게는 자유의지가 있다. 자유의지가 있다는 것은 당신에게 진정한 실존주의자가 될 잠재력이 있다는 뜻이다. 실존주의자가 아니라면 그렇다는 얘기다.

서점에서 연인을 기다리는 것이 아니라면 당신은 이웃집 부부가 외출한 사이, 그 집 애들을 봐주는 중일 수도 있다. 개구쟁이들을 무사히 재운 뒤 이웃집 가족이 얼마나 교양 없는 사람들인지 알아보기 위해 책장을 염탐하리라 마음먹었을 수도 있다. 책장에서 이 책이 유난히 눈길을 끈다. 실존주의에 대해 잘 알기 때문일 수도 있고, 잘 모르기 때문일 수도 있다. 이제껏 본 실존주의 책은 하나같이 두껍고 무거운데, 이 책은 얇고 가볍기 때문인지도 모른다. 아니면 이 책이 《존재와 시간(Being and Time)》이나 《지각의 현상학(Phenomenology of Perception)》처럼 도대체 무슨 말인지 알 수 없고, 있는 척하는 제목이 아니라 실용적으로 들리는 제목이기 때문일 수도 있다. 혹은 이 책을 읽고 나면 뭔가 신비하고 특별한 존재가 될 기회를 잡을 수도 있겠다는 생각이 들었는지도 모른다. 물론 이 책을 끝까지 읽을 마음이 생겨야겠지만.

그도 아니라면 분명한 목적의식을 가지고 이 책을 선택했을 수도 있다. 아주 좋은 일이다. 그렇게 단호한 자세를 취할 수 있다면 진정한 실존주의자가 되는 첫걸음을 뗀 셈이니까. 당신은 마구잡이로 그어댄 신용카드를 다시 한 번 사용하여 며칠 전 인터넷에서 이 책을 주문했고, 방금 전 우편함 아래 굴러다니는 이 책을 발견했다. 그리고 포장지를 과감하게 찢어 상자를 열고, 이 책을 꺼내 읽기 시작했다. 인생이 나아갈 방향을 찾고 있었고, 그 방향을 찾기 위해 실존주의자가 되기로 마음을 굳혔기 때문이다. 그 진가를 전혀 인정받지 못하는 괴상한 사교 집단, 제정신과 영혼을 내놓을 수 있다면 회비 따위 한 푼도 필요 없는 클럽, 결코 모임 따위에 가입하거나 대세를 따르지 않는 이들로 구성된 배타적인 집단의 일원이 되기로 결심한 것이다. 코미디언 그루초 마르크스(Groucho Marx)는 — 지적 능력에서 우열을 가리기 어려운 철학자 카를 마르크스와 헷갈려선 안 된다 — 이렇게 말했다. "나를 회원으로 받아주는 클럽 따위에는 들어가고 싶지 않아요." 그렇다. 진정한 실존주의자라면 회원이 있는 클럽에는 가입하지 않는 법이다.

본론에 들어가기 전에 필요한 준비를 마무리하면, 이 책에서는 먼저 실존주의가 무엇인지 단순하고 직설적으로 설명하려 한다. 실존주의에 대해 철학적으로 한층 깊이 다룬 책은 널렸다. 그중 몇 권은 내가 쓰기도 했다.

나는 고심한 끝에 실존주의 철학 혹은 실존주의적 세계관을 어느 정도 이해하지 않고는 실존주의자가 될 수 없다는 결론에 이르렀다. 그러나 실존주의에 대해 조금 혹은 많이 안다고 해서 실존주의자가 되는 것은 아니다. 진정한 실존주의자가 되기 위해서는 실존주의를 이해해야 할 뿐만 아니라 실존주의적 방식으로 살아가려고, 적어도 삶과 죽음, 타인에 대해 실존주의적 자세를 취하려고 노력해야 한다. 실존주의자가 되는 일은 단순히 많이 안다고 해서 끝나는 문제가 아니기 때문이다. 이런 까닭에 이름이 널리 알려진 실존주의 철학자 중 일부는 진정한 실존주의자와 거리가 멀다. 이론을 많이 알 뿐 그 이론과 같이 살지 못했기 때문이다. 자신이 설교하는 말을 실천하지 않은 셈이다.

철학 이론으로서 실존주의에 대한 실제적인 지식을 습득하는 일의 가장 유용한 가치는 우리가 실존주의 세계관에 따라 살아가는 일이 '어째서' 사리에 맞는지 이해하는 것이다. 어째서 실존주의자로 사는 일이 다른 삶의 방식보다 성실하고 위엄 있는, 심지어 도덕적인 방식이 될 수 있는가? 우리는 실존주의를 공부하며 그 답을 발견할 것이다.

서양철학의 토대를 마련한 소크라테스와 플라톤, 아리스토텔레스 같은 고대 그리스 철학자들은 우주에서 가장 중요한 의미가 있는 철학적 질문, 다른 모든 철학적 질문이 귀결되는 질문이 '어떻게 살아가야 하는가?'라고 생각했다. 실존주의자가 되는 일에 조금이라도 마음이 끌리는 사람은 곧 철학에서 가장 오래되고 중요한 질문, '어떻게 살아가야 하는가?'에 끌리는 사람이다. 실존주의에서는 종교와 다르게 이걸 하라든가 저걸 하지 말라든가, 이걸 먹으라든가 저걸 먹지 말라든가 같은 자질구레한 규칙을 강조하고 여기에 의문을 제기할 생각조차 하지 말라는 식으로 말하지 않는다. 대신 실존주의에서는 이 괴상하고 거친 세상을 뚫고 살아가는 일이 어떤 것인지 조리 있고 숨김없고 단호한 방식으로 이야기한다.

실존주의의 목표는 과학자, 목사, 부모, 교사들이 떠들어대는 온갖 허튼소리를 전부 쓰레기통에 처넣었을 때 우리가 정말 어떤 존재인지 알려주는 것이다. 실존주의에서는 우리가 '근본적으로 자유로운 존재'라는 사실을 알려주고, 그에 따라 살아갈 수 있게 하는 것을 목표로 삼는다. 그 결과 우리는 타인이나 사회의 관습, 종교의 교의, 도덕, 죄의식, 여러 가지 압제 세력에 의해 프로그램 된 로봇처럼 살아가는 대신 자신의 진정한 '본성'인 독자적인 자유를 행사하면서 살아갈 수 있다.

실존주의는 자유와 개인의 '선택'에 대한 철학이며, 성실과 용기를 무기로 삼아 현실을 직시하고 사물을 철저하게 통찰하는 법을 이야기하는 철학이다. '선택'이라는 말에 따옴표를 치게 만드는 철학이기도 하다. 실존주의자가 되기 위해서는 어느 정도 노력이 필요하다. 실존주의자가 되는 길에 가장 힘겨운 난관은 실존주의자로 살면서 실존주의자들이 '진정성(authenticity)'이라고 부르는 것을 끊임없이 지키는 일이다. 이때 자신을 포함한 주위 사람들과 환경은 전부 우리가 덩치만 커다랗지 마음 약한 뱅충이처럼 의지를 꺾고, 실존주의자들이 말하는 '자기기만(bad faith)'에 무릎을 꿇기 바랄 것이다.

자기기만이란 진정한 예술가나 음악가, 록 스타들이 말하는 '현실과 타협하여 나를 팔아넘기는 일'과 아주 비슷하다고 할 수 있다. 실존주의자는 자기기만을 질색하고 혐오하며 가증스럽게 여긴다. 자기기만과 진정성에 대해서는 나중에 다시 살펴보자. 자기기만과 진정성은 실존주의가 무엇이며, 실존주의자로 사는 일이 무엇인지 이야기할 때 핵심이 되는 개념이기 때문에 이 책에서는 여기에 대해 할 말이 아주 많다.

나는 실존주의자가 되려면 어떤 노력이 필요한지 너무 길게 떠들고 싶지 않다. 실존주의자가 되는 일은 차를 고치는 일이나 외국어를 배우는 일만큼 힘들지 않기 때문이다. 하긴 실존주의자 중에는 실존주의자가 되기 '오래전에' 프랑스어나 독일어를 습득한 경우가 많다. 실존주의자가 되는 일은 정확히 말해 기술의 영역에 속한다고는 할 수 없다. 아니, 말할 수 있나? 솔직히 나도 잘 모르겠다. 실존주의자는 — 나도 실존주의자라고 할 수 있다면 — 자신이 무언가에 대해 확신이 들지 않을 때 기꺼이 그렇다고 인정하는 사람이다. 실존주의자라면 단지 마음의 평화를 얻기 위해서 뭔가 확실하지 않은 가설을 옳다고 이해하고 넘어갈 리 없다. 비틀스는 "잠깐이라도 마음의 평화를 얻을 수 있다면 내가 가진 걸 모두 주겠어"라고 노래했다('I'm So Tired'의 한 구절. 1968년 발매된 앨범 〈The BEATLES[White Album]〉에 수록 — 옮긴이). 그러나 실존주의자는 그 대가로 진실을 얻을 수 있다면 모를까, 잠깐 마음의 평화를 얻는 정도로는 결코 아무것도 내놓으려 하지 않을 것이다. 실존주의자는 불확실성과 냉엄한 진실을 모두 삼켜 소화할 수 있는 사람들이다. 아니, 그럴 수 있는 사람은 철학자인가? 신경 쓸 것 없다. 실존주의가 철학의 한 가지인 것과 마찬가지로 실존주의자 또한 일종의 철학자니까. 실존주의자가 되는 일이 기술의 영역에 속하는지 여부는 이 책을 읽은 뒤 당신 스스로 결정하면 될 문제다.

대학 도서관에 있는 사전을 전부 삼켜버린 듯싶은 철학자들은 — 철학자라면 그러게 마련인데 — 실존주의를 '현상학적 존재론(phenomenological ontology)'이라 부른다. 그러나 나는 책임을 비롯한 여러 가지 무거운 주제를 다루는 이 가벼운 책이 다소 무책임한 책이길 바라는 마음에서 거창한 철학 용어를 가능한 한 쓰지 않으려고 한다. 재미있는 것은 사람들이 이렇게 어려운 철학 용어를 생각보다 좋아한다는 사실이다. 당신도 어려운 철학 용어의 팬이라면 내가 쓴 (실존주의를 다룬) 좀더 진지한 책을 읽기 바란다. 콕 집어 말하면 유명한 프랑스 실존주의자 장 폴 사르트르에 대해 내가 쓴 책을 읽어보라. 뻔뻔스럽게도 내가 쓴 다른 책 광고를 하는 게 이 짧은 서문에서만 벌써 두 번째다. 그러나 실존주의자라면 모름지기 — 나도 실존주의자라고 한다면 — 절대 뻔뻔해지기를 두려워해서는 안 되는 법이다. 말이 나온 김에 덧붙이면 실존주의자는 이야기가 딴 데로 새는 것을 두려워해서도 안 된다. 현실과 상상에 존재하는 몇몇 실존주의자들은 딴 데로 새서 요점과 멀어진 이야기 또한 십분 활용하여 유용한 결론을 뽑아냈기 때문이다.

자, 여기까지 읽었고 앞으로 계속 읽어나갈 작정이라면 인생에 대해 생각하고 느끼는 방식을 바꿔줄 또 다른 자기계발서의 세계에 들어온 것을 환영한다. 그러나 나는 내심 이 책에서 우리가 그보다 많은 것을 얻기 바란다. 나는 이 책을 통해 우리가 생각하고 느끼는 방식뿐만 아니라 '처신하고 행동하는 방식'이 바뀌기를 간절히 희망한다. 실존주의에 따르면 인생에 대해 생각하고 느끼는 방식을 진정으로 바꾸는 방법은 오직 하나, 다르게 '행동하는 것'이다. 우리는 단순히 반응하는 데 그치지 않고 행동해야 한다. 상황에 휩쓸려 이리저리 끌려다니는 대신 자기 의지를 관철해야 한다. 언제고 자기 자신과 행동에 '책임'을 져야 한다.

말했다시피 실존주의는 자유에 대한 철학이다. 자유의 핵심에는 선택이 있으며, 선택의 핵심에는 행동이 있다. 그러므로 실존주의의 핵심 혹은 인간존재의 핵심에는 행동이 있다. 사르트르는 "존재하는 것은 행동하는 것(To be is to do)"

이라고 말한다. 이 말은 사르트르가 행동을 얼마나 중요하게 여기는지 한 문장으로 요약한다. 실존주의에 대해 한 가지만 알아야 한다면 "존재하는 것은 행동하는 것"이라는 말이 되어야 한다. 내가 사르트르와 실존주의를 처음 접한 것도 한 친구가 해준 터무니없지만 나름 용의주도한 농담 때문이다. "존재하는 것은 행동하는 것이다(To be is to do)."— 장 폴 사르트르. " Do be do be do(두비두비두)."— 프랭크 시나트라.

마지막으로 한 마디 경고를 덧붙인다. 이 책을 읽은 뒤 인생에 대해 사고하고 느끼고 행동하는 방식이 나아지지 않는다 해도, 기대하고 바라던 대로 바뀌지 않는다 해도 내 탓을 해선 안 된다! 이 책을 쓰는 일에 대한 책임은 내게 있지만, 이 책을 사거나 빌려서 혹은 훔쳐서 읽은 행동에 대한 책임은 당신에게 있기 때문이다. 이 책에 대해 어떻게 판단하는지, 이 책의 내용에 부응하여 어떤 행동을 하거나 하지 않는지에 대한 책임은 모두 당신에게 있다.

요즘에는 자기 탓인 일에 남을 탓하는 풍조가 유행이다. '탓하는 문화'에 산다고 해도 과언이 아니다. 아니 좀더 정확히 말해 '나만 쏙 빼고 남을 탓하는 문화'다. '그렇게 행동한 건 그렇게 하도록 키워졌기 때문이야.' '그런 짓을 한 건 나쁜 패거리와 어울렸기 때문이야.' '시험에서 낙제한 건 모두 선생님 탓이야. 비록 내가 수업을 절반밖에 듣지 않고 나머지는 장례식 핑계를 대면서 빼먹었지만.' '뜨거운 커피를 마시다 입안을 덴 건 전부 맥도날드 탓이야.' 맥도날드는 뜨거운 커피를 만드는 일을 비롯하여 그 밖의 여러 가지 일에 책임을 져야 하지만, 그 커피를 사서 마시는 일은 고객이 책임져야 한다. 하루도 빠짐없이 무거운 몸을 뒤뚝거리면서 맥도날드의 노란 아치문을 열고 들어가 슈퍼 사이즈 메뉴를 사 먹으면서 뚱뚱보가 되기로 '선택'한 주제에, 자신을 비만으로 만들고 건강을 해쳤다는 이유로 맥도날드에 소송을 거는 사람들이 있다. 자기 행동에 책임지려 하지 않고 남 탓만 하는 풍조가 인기를 끌지만, 이는 과거에도, 현재에도, 미래에도 극도로 반(反)실존주의적인 작태이자 비(非)진정한 작태다.

실존주의는 종종 위험한 사상이라는 비난을 받아왔다. 일례로 1948년 무한한 지혜가 있다는 가톨릭교회에서는 장폴 사르트르의 무신론적이고 성상 파괴적이며 반권위적이고 혁명적인 실존주의 사상이 아주 위험하다고 판단하여 사르트르의 전작을 바티칸의 금서 목록(Index Librorum prohibitorum)에 올렸다. 심지어 사르트르가 아직 집필하지 않은 책조차 낙인의 손길을 피할 수 없었다! 하지만 위험한 사상이라는 것은 존재하지 않는다. 위험하다고 판명될 수도 있는 것은 그 사상을 통해 '선택'된 행동뿐이다. 그 위험 또한 주로 '현상 유지'파나 권력을 쥔 이들, 이를테면 정부라든가 종교라든가 다국적기업에게 위협이 될 뿐이다.

실존주의 사상을 두고 어떻게 행동할지 마음 내키는 대로 선택하라. 아무 행동도 하지 않기로 선택해도 좋다. 나는 전혀 신경 쓰지 않는다. 그러나 실존주의 철학자들이 하는 말을 하나만 기억하자. 선택하지 않기로 선택하는 것 또한 자기 혼자 책임져야 하는 선택이다.

1

실존주의자란 무엇인가

What is an Existentialist?

Friedrich Nietzsche
1844~1900

나는 《The Sartre Dictionary(사르트르 사전)》에서 실존주의자(existentialist)라는 단어를 다음과 같이 정의했다. '실존주의라고 알려진 지식 운동 혹은 이와 관련된, 실존주의에 영향을 미친 저서를 집필하거나 실존주의 사상을 갖춘 사람. 대표적인 인물로는 사르트르가 있다. 실존주의 철학과 세계관에 대체로 동의하는 사람 혹은 실존주의적 원칙에 따라 살아가려는 사람.' 실존주의자에 대한 정의 자체에서는 그리 많은 사실을 알아낼 수 없다. 한 가지 명확한 사실은 실존주의자가 무엇인지 제대로 이해하려면 실존주의가 무엇인지 이해하는 것부터 시작해야 한다는 점이다. 그런 이유로 나는 이 짤막한 1장 뒤에 다소 긴 2장을 썼다. 물론 2장의 제목은 '실존주의란 무엇인가'이다.

실존주의자에 대해 짧은 정의 안에서 몇 마디로 줄여 설명하기는 불가능한 일이다. 그러므로 앞서 소개한 정의가 다소 부족한 것도 어쩔 수 없는 일이다. 실존주의자가 무엇이며, 어떻게 하면 실존주의자가 될 수 있는지는 짧게 요약하여 설명할 수 있는 문제라기보다 이 책을 읽어가면서 서서히 깨닫게 되는 문제다. 나는 이 책을 읽고 나면 실존주의자가 무엇이며, 실존주의자가 되기 위해서는 어떻게 해야 하는지 감 잡을 수 있으리라고 확신한다. 실존주의자에 대한 상세한 답은 이 책을 읽어감에 따라 밝혀진다는 점에 동의한 셈이니, 진정한 실존주의자라면 모름지기 만족해야 하는 세 가지 조건으로 이 책을 시작하려 한다. 이 세 가지 조건은 서로 밀접하게 관련되었다.

1 실존주의자는 실존주의 철학과 세계관에 대해 어느 정도 이해할 만한 지식이 있어야 한다. 실존주의 철학과 세계관은 아르투르 쇼펜하우어(Arthur Schopenhauer), 쇠렌 키르케고르(Søren Kierkegaard), 프리드리히 니체(Friedrich Nietzsche), 장 폴 사르트르, 시몬 드 보부아르(Simone de Beauvoir), 알베르 카뮈(Albert Camus), 사뮈엘 베케트(Samuel Beckett), 벅스 바니 같은 수많은 사상가들이 수년에 걸쳐 일궈낸 사상 체계다.

좋다. 벅스 바니(인기 애니메이션 〈루니 툰즈〉에 등장하는 말썽꾸러기 토끼. 항상 당근을 우물거리면서 자신을 쫓는 사냥꾼을 골탕 먹인다. — 옮긴이)는 실존주의 철학을 일구는 데 아무런 도움이 되지 못했다. 하지만 자신이 처한 상황을 인정하고 자유를 주장하며, 어떤 경우에도 단호하게 행동하는 면으로 보아 벅스 바니는 진정성을 성취한 실존주의자의 면모를 갖췄다고 할 수 있다. 벅스 바니는 자동차 전조등 불빛에 놀라 굳어버리는 토끼, 자신에게 돌진하는 인생의 불빛에 놀라 옴짝달싹 못하는 토끼와 거리가 멀다. 벅스 바니는 태연자약하게 훔친 당근을 우물거리며 코웃음 섞인 반권위주의적인 말투로 "왜 그러세용?(What's up, Doc)"이라고 내뱉는다. 이런 태도에서 우리는 벅스 바니가 자기 앞에 무슨 일이 닥쳐도 눈 하나 깜짝하지 않는 토끼, 엘머 퍼드(〈루니 툰즈〉에서 벅스 바니를 잡아먹지 못해서 안달인 대머리 사냥꾼 — 옮긴이)로 대변되는 인생이 어떤 일을 던져주더라도 감당할 준비가 된 토끼라는 사실을 알 수 있다.

2 실존주의자는 실존주의 철학과 세계관을 어느 정도 신봉해야 한다. 다시 말해 실존주의가 어느 정도는 옳다고 생각해야 한다. 그렇다고 실존주의에서 하는 주장을 마치 교의라도 되는 양 전부 맹신해야 한다는 뜻은 아니다. 실존주의 자체를 완전히 부정하지 않는다면

> 실존주의자는 실존주의의 주장에 마음 내키는 대로 비판할 수 있다. 실존주의에서 장려하는 것이 의문을 제기하고 비판하는 정신이기 때문이다. 그러나 실존주의에 대해 잘 알면서 실존주의를 말도 안 되는 철학이라 여기는 실존주의자는 없을 것이다.

감히 단언하는 바, 어떤 식으로든 실존주의를 공부하고 누가 봐도 충분히 이해하는 사람이 실존주의를 허튼소리라고 치부할 리 없다. 실존주의가 허튼소리가 아니라는 건 불 보듯 뻔하기 때문이다. 실존주의는 인간의 삶을 있는 그대로 직시하는, 지독할 정도로 솔직한 철학이다. 실존주의 철학은 인간 현실(human condition)에 이론의 여지가 없는 사실 혹은 진실 — 이를테면 '인간은 모두 죽게 마련이다' 같은 — 을 토대로 삼아 그 위에 포괄적이며 전체론적인 이론을 구성한다.

찰스 디킨스(Charles Dickens)가 《황폐한 집(Bleak House)》에서 표현한 대로 "설득력 있는 사물에는 그 전체 안에 사물 본래의 합목적성(목적을 위해 여러 부분이 적절히 조합되어, 목적으로서 전체를 구성하는 것 — 옮긴이)이 존재한다".[1] 마찬가지로 실존주의에는 그 다양한 면면을 일관되게 엮어주는 눈에 띄는 합목적성이 존재하며, 이로써 실존주의는 설득력 넘치고 이해할 수 있는 철학이 된다.

사람들이 흔히 실존주의를 인정하지 않는 이유는 대개 실존주의를 이해하지 못해서라기보다 실존주의를 직시하지 못하기 때문이다. 니체가 《선악의 저편(Beyond Good and Evil)》에서 언급한 것처럼 '"이는 내 마음에 들지 않는다." 왜 그런가? "나는 이를 마주할 자신이 없기 때문이다." 일찍이 이렇게 대답한 인간이 있었는가?'[2] 앞으로 살펴보겠지만 실존주의를 이해하기 위해서는 똑똑한 머리나 학업 성취 능력보다 한층 높은 지성과 결합된 성실함, 용기 같은 자질이 필요하다.

3 실존주의자는 실존주의에서 도출된 결론과 권고에 따라 살아가고 행동하기 위해 노력해야 하며, 이런 노력에서 어느 정도 성공을 거둬야 한다. 모든 사람이 실존주의와 실존주의가 이야기하는 진실을 이해할 수 있지만, 이를 인생에 적용하여 살아가려고 노력하지 않는다면 진정한 실존주의자라고 할 수 없다.

실존주의를 이해하고 실존주의가 이야기하는 진실을 머리로 받아들이면서도 실존주의적 삶의 방식을 인생에 적용하지 못하는 경우는 얼마든지 있다. 실제로 실존주의적 삶의 방식을 적용한다 해도 몇몇 순간에 그치거나, 아예 적용하지 못하는 사례가 수두룩하다. 알면서도 그에 따라 살지 못하는 것은 실존주의자들이 말하는 '자기기만'에 갇혔기 때문이라 할 수 있다. 자기기만은 일종의 불성실한 마음가짐인데, 이에 대해서는 적절한 때가 되면 설명할 계획이다. 여기에서는 자기기만을 피하는 일이 아주 어려울 수 있다는 사실만 언급하고 넘어가도 충분하다. 자기기만을 피하는 일이 어려울 수 있는 것은 우리가 자기기만으로 가득한 인간세계에 살기 때문이다. 이 세상에서 자기기만은 편리한 변명거리로, 책임을 회피하기 위한 구실로, 일상을 한층 견디기 쉽게 해주는 현실 대응 전략으로, 견디기 어려운 진실에서 다른 곳으로 눈을 돌리는 분산 전략으로 이용된다.

자, 정리하면 진정한 실존주의자는 실존주의를 이해하고 신봉하며 실존주의에 따라 살아가려고 끊임없이 노력하는 사람이다. 실존주의자는 주야로 자기기만을 극복하고, 실존주의 철학자들이 말하는 '진정성'을 성취하려고 힘쓴다. 진정성이란 실존주의의 성배, 위대한 실존주의적 이상이자 목표라 할 수 있는데, 이에 대해서도 적절한 때가 되면 설명할 작정이다.

재미있는 사실 하나. 실존주의에 대해 듣도 보도 못한 사람이라도 진정성을 성취하는 일이 얼마든지 있는 듯싶다. 그렇지 않다면 우리는 오직 지적 훈련의 궁극적 결과로 진정성을 성취할 수 있노라고 단언했을지도 모른다. 진정성을 성취할 기회에 조금이라도 가까워지기 위해서는 읽을 줄 알아야 할 뿐만 아니라, 책을 파고들면서 공부할 시간이 많아야 한다고 말이다. 그러나 직접적인 인생 경험을 통해서 우연히 진정한 존재의 성취에 이르는 길을 발견하는 사람도 있다. 혹은 남다른 용기를 발휘하거나 순수하게 박애를 실천하기로 선택한 결과 진정성에 이르는 길을 발견하는 사람도 있다. 벅스 바니 역시 이런 부류에 속한다. 하긴 벅스 바니가 엘머 퍼드를 골리느라 바쁘지 않을 때 니체의 위대한 저작을 즐겨 읽는다고 해서 놀랄 사람은 아무도 없을 것이다.

우리는 이런 사람들, 이런 감탄스러운 토끼를 진정한 실존주의자라고 부를 수도 있다. 그러나 이들은 사실상 실존주의자가 아니며, 실존주의를 연구한 학자들이 '진정하다'고 표현하는 사람(과 토끼)일 뿐이다. 이들은 자신을 '진정하다'고 표현하지 않는다. 자신을 그런 식으로 생각하지 않기 때문이다. 이들은 무엇을 하든 그 행동에 자신을 내던져 몰두할 뿐이다. 여기에는 자의식도, 의심도, 후회도 없다. 자신을 진정하다고 생각하는 것 자체가 진정성과는 거리가 먼 짓이다. 대놓고 '나는 진정하다'고 말하는 사람은 자신이 어떤 것, 고정된 존재, 진정한–'것'(authentic-thing)으로 '있다'고 생각한다. 나중에 그 이유가 분명하게 밝혀질 테지만, 이런 식으로 생각하거나 이런 자세로 일관하는 사람은 자기기만에 빠진 것이다.

그러므로 실존주의자가 되지 않고도 진정성을 성취하는 일은 가능하지만, 진정성을 성취하려고 열심히 노력하지 않고는 진정한 실존주의자가 될 수 없다. 진정성을 성취하려는 희망을 품고 이 책을 읽는 사람들을 위해 한 마디 덧붙이면, 진정성에 이르는 여정은 실존주의에 대해 배우는 일부터 시작될 수 있다. 수많은 사람들이 실존주의를 공부한 뒤 그 직접적인 영향으로 진정성을 추구하겠다고 결심한다. 실존주의를 공부한다는 것은 인간 현실에 대한 기본적이며 불가피한 '실존적(existential)' 진실에 빛을 비추는 일이며, 자기기만의 실체를 폭로하고 자유와 책임의 필연성을 강조하는 일이다. 그러므로 실존주의를 공부하는 일은 그 사람이 이 세계에 존재하는 방식의 본질을 바꿀 정도로 깊은 깨달음에 도달하는 과정이 될 수도 있다.

철학은 흔히 실생활과 거리가 먼, 상아탑에서 논의되는 지식인의 학문, 대학에서 전공하는 수많은 학과목 중 하나일 뿐이라고 여겨지기 쉽다. 철학을 공부한 결과 깊은 깨달음에 도달할 수 있다는 말이 터무니없게 들리는 것도 이 때문이다. 그러나 서양철학을 창시한 고대 그리스 철학자들은 철학을 공부하는 궁극적인 목표를 깨달음에 도달하는 것이라 생각했다. 이를테면 플라톤에게 철학 공부의 목표는 가장 높은 진리에 대한 지식을 아는 것이었다. 가장 높은 진리를 깨달은 이는 단순한 현상과 진정한 현실을 분별할 수 있다. 플라톤은 현상과 현실을 분별하는 사람은 그에 따라 살아갈 수 있으며, 거짓으로 살아가기를 멈출 수 있으리라고 믿었다. 현실을 보는 관점에서 플라톤 철학과 근본적으로 다르지만, 실존주의 또한 깨달음에 이르는 길을 안내하며 무지의 깊고 어두운 동굴에서 나가는 방법, 겉으로 드러난 모습에 속지 않고 본질을 꿰뚫어 보는 법을 알려주는 철학이다.

2

실존주의란 무엇인가
What is Existentialism?

Jean-Paul Sartre
1905~1980

:: 실존주의의 개요와 역사

재미있게도 실존주의자가 무엇이며 어떻게 실존주의자가 될 수 있는지 생각하기 시작하면 우리는 곧바로 되짚어 실존주의가 무엇인지부터 생각해야 한다. 철학에서는 대부분 이런 식으로 일이 진행된다. 앞으로 나아가고 싶다면 대개, 특히 처음 시작하는 경우에는 반드시 거꾸로 돌아가는 수고를 감수해야 한다. 그 이유는 이렇다. 우리가 무엇에 대해서건 조금이라도 깊이 생각할 때는 으레 얕으면서도 진흙만 가득한 개념의 똥개울을 반쯤 올라온 상태에서 시작한다. 이 잡초만 무성하고 영문을 알 수 없는 곳에 흘러든 것은 몇 년에 걸쳐 다양한 억지 가설을 충분히 생각하지도 않은 채 끌어모은 결과다.

크게 보면 철학은 이런 억지 가설을 배 밖으로 집어던지고 조심스럽게 개념적 똥개울의 얕은 여울에서 벗어나, 깊고 탁 트인 바다로 나아가는 일이라 할 수 있다. 소크라테스는 철학은 파괴함으로써 성립되기 때문에 괴상한 학문이라고 말했다. 여기에서 철학이 파괴하는 대상은 잘못된 가설이다. 어쨌든 일이 잘 풀리면 우리는 탁 트인 바다 한복판에서 진실로 통하는 강의 어귀를 언뜻이나마 볼 수 있을 것이다. 우연의 일치겠지만 진실은 우리 인생이 비유적인 개념의 똥개울이 아닌 아주 실제적이며 '실존적인' 똥개울이다! 그렇다, 시인이 뭐라고 노래하든 진실이라고 해서 무조건 밝고 빛나야 한다는 법은 없다.

그렇다면 실존주의란 무엇인가. 간단히 말해 실존주의는 주로 유럽 대륙에서 활약한 철학자와 심리학자, 소설가, 극작가, 예술가, 음악가, 영화감독, 코미디언, 체제에서 낙오한 인종들이 19세기와 20세기에 걸쳐 벌인, 오늘날까지 그 영향력을 떨치는 광범위한 지식 운동이다. 대다수 실존주의 철학자들은 실제로 프랑스인이나 독일인이며, 여기에 덴마크 철학자가 적어도 한 명, 아일랜드 철학자가 몇 명 더 있다.

영국과 미국의 철학자들은 인기를 몰고 다니는 실존주의 패거리를 못마땅하게 여겨왔다. 영미 철학자들의 눈에 실존주의 철학은 너무 자유분방하고, 철학적인 엄격함이 부족해 보인다는 것이 이유다. 영미 철학자들은 집에 편안히 앉아 부드러운 슬리퍼를 신고 파이프로 담배를 피우면서 따뜻한 차 한 잔과 함께 자신들이 분석철학이라 부르는 철학을 하기를 선호한다. 꼭 유럽 철학에 반대하기 위해서가 아니라 분석철학이 더 합리적이고 이성적이며 엄격한 대안이라고 생각하기 때문이다. 영미 철학자들은 논리와 언어의 의미에 대해서 끝없이 떠들어대기를 좋아하며(그렇다고 유럽의 철학자들이 여기에 전혀 관심이 없다는 말은 아니다), 사람이 할 수 있는 가장 무미건조한 말투로 별것 아닌 주제에 대해서 아주 길게 이야기하는 재주가 있다. 니체가 《선악의 저편》에서 한 말을 인용하면 영미 철학자들은 "언제나 한 수레 가득한 아름다운 가능성보다 한 줌의 '확실성'을 선호하는 것"[3]이 분명하다. 영미 철학자들은 유럽 대륙의 철학자, 특히 니체나 사르트르같이 급진적인 실존주의자를 인생과 사랑, 섹스와 죽음을 이야기하는 실존주의의 거창한 사상은 물론 그들의 방대한 책까지 싸잡아 투박하고 기괴하다고 여긴다.

사르트르는 《The Family Idiot(가족 속 백치)》(프랑스 소설가 귀스타브 플로베르[Gustave Flaubert]의 생애를 실존주의적 관점에서 분석한 전기. 우리나라에서는 아직 출간되지 않았다. —옮긴이)를 집필했다. 전체 분량이 2801쪽에 달하는 이 책은 세 권으로 출간되었음에도 아직 끝나지 않았는데, 사르트르가 시력을 잃는 바람에 네 권째 집필을 포기했기 때문이다. 《The Family Idiot》를 눈이 빠지도록 써서 그런 게 아니라, 방종하게 생활하여 혈압이 오른 탓이다. 사람들이 《The Family Idiot》가 미완성작이라고 아는 것은 사르트르가 그렇다고 하기 때문이다. 당연한 일이지만 2801쪽이나 되는 책을 끝까지 읽은 사람은 아무도 없을 것이다. 있다면 한 명, 시카고대학의 끈기 있는 여성 캐럴뿐이다. 캐럴은 이 괴물 같은 작품을 고스란히 영어로 번역한 사람이다.

실존주의 운동에도 많은 실존주의 사상가들이 동의하는 공통 원칙이 없지는 않지만, 실존주의 운동은 이런 공통 원칙보다 실존주의 철학이 공유하는 관심사에 따라 정의된다. 실존주의 철학의 관심사는 주로 인간 현실을 일관성 있게 설명하는 데 쏠려 있다. 인간 현실에 대한 근본적 혹은 실존적 진실을 제대로 인식하고 구체화하기 위한 설명이다. 쉽게 말하면 실존주의는 이 거칠고 미친 세상에 사는 일이 어떤 것인지 허튼소리나 조심스러운 배려 따위 집어치우고 솔직하게 이야기하는 철학이다. 실존주의에서 말하는 인간 현실에 대한 근본적 혹은 실존적 진실은 다음과 같다.

인간은 의자나 바위처럼 고정된 존재가 아니고, 끊임없이 변하며 무언가가 되어가는 불확정하고 불명확한 존재다. 우리는 모두 자유로우며, 자유롭기를 그만둘 수 없다. 우리는 모두 자기 행동에 책임을 져야 한다. 우리 삶은 욕망과 죄책감과 불안으로 가득하다. 이런 불안은 특히 우리가 대타존재(對他存在, being for others)라는 사실에서 비롯된다. 쉽게 말해 남이 우리를 어떻게 생각하는가 하는 점에 대한 불안이다. 우리는 이런 불안 탓에 죄의식, 수치심, 곤혹감 같은 감정에 시달린다. 이 모든 게 부족하기라도 한지 우리는 무의미한 우주에 태어나는 순간부터 죽을 운명을 짊어지고 살아간다. 무의미한 우주에서 신은 있다고 해봐야 이해하기 어려울 뿐이며, 최악의 경우 아예 존재하지 않을 수도 있다.

이렇게 불쾌한 사실을 길게 나열해놓고 말하기는 좀 이상하지만, 실존주의는 긍정적이고 낙관적이며 반허무주의적인 철학이다! 농담이 아니라 정말 그렇다. 어떻게 그럴 수 있을까.

실존주의 철학이 인간존재가 본질적으로 무의미하고 불합리하다는 사실에도 우리가 성실하고 가치 있게 살아갈 수 있다고 주장하며, 그럴 수 있는 방법을 알려주기 때문이다. 실존주의에서 말하는 큰 줄기는 이렇다. 우리는 거짓(환상)에 기반을 두고는 진정한 의미에서 가치 있고 성실한 삶을 창조해낼 수 없다. 우리는 현실을 있는 그대로 이해하고 받아들인 다음 그 이해를 기반으로 인생을 창조해나가야 한다. 그렇지 않으면 우리는 완벽한 행복, 완전한 충족처럼 불가능한 것을 갈망하고 자신을 기만하며 살 뿐이다. 역설적으로 실존주의에서는 행복해지고 싶다면, 적어도 지금보다 행복해지고 싶다면 완벽한 행복을 손에 쥐려고 아등바등하는 일을 당장 그만두라고 말한다. 그런 식으로는 실망에 이르는 길밖에 없기 때문이다.

세상에서 가장 불행한 사람은 완벽한 행복을 손에 넣는 일이 가능하다고 믿는 사람, '그 이후에도 계속 행복하게 살았다'는 것이 가능하다는 허황된 믿음에 철석같이 매달리는 사람이다. 이런 사람은 자신이 결코 이루지 못할 일을 두고 끊임없이 상처 받고 좌절한다. 이런 사람은 자기 인생을 장미가 가득 핀 시골집 정원에서 끝나지 않을 것 같은 여름날 오후처럼 만들지 못했다는 사실에 후회할 수밖에 없다. 그러나 실제로 이런 낙원은 존재하지 않는다. 시골집 값이 일반인의 주머니 사정을 훌쩍 뛰어넘는다는 점은 둘째 치고, 현실 세계에서는 아무리 좋은 여름날 오후라도 곧 끝나며, 장미는 가시가 있을 뿐만 아니라 금세 시들기 때문이다. 게다가 아무리 아름다운 정원이라도 며칠 보면 지겨워진다.

우리 집 고양이는 매일같이 자신의 정원을 어슬렁어슬렁 순찰하지만, 한 번도 지겨워하지 않는다. 그러나 고양이는 고양이일 뿐 사람이 아니다. 아, 고양이가 될 수 있다면 얼마나 좋을까! 하지만 조심하자. 자신이 다른 존재이길 바라는 것은 진정성에 반하는 일이니까. 되고 싶은 대상이 결코 될 수 없는 것이라면 더더욱 그렇다. 진정한 실존주의자는 지금 자신과 다른 존재가 되기를 '바라지'만은 않는다. 진정한 실존주의자는 지금과 다른 존재가 되려고 결심하고, 자신을 바꾸기 위해 적극적으로 노력하는 사람이다.

영화나 광고, 겉만 번지르르한 잡지에서 뭔가 주워듣고 인생이 '완벽해질 수 있다'는 어리석은 생각을 하는 사람들이 수두룩하다. 저기 어딘가에서 다른 누군가는 완벽한 인생을 이어가고 있다고 믿는 것이다. 이런 사람은 자기 인생이 불만족스러울 수밖에 없다. 심지어 아무도 누리지 못하는 그런 인생을 두고 자신이 마땅히 누려야 할 인생을 빼앗긴 것이라고 생각하기도 한다. 이런 사람은 애초부터 가능하지 않은 완벽한 행복이 존재하는 인생을 갈망한다. 그러는 동안 자기 인생의 고삐를 단단히 잡지도 못하고, 단호하고 현실적인 행동으로 자기 인생에 더 나은 가치를 부여하려고 하지도 않는다.

실존주의자는 허무주의자라고도 할 수 있다. 실존주의자는 삶이 본질적으로 불합리할뿐더러, 두렵고 피할 수 없는 진실로 가득하다는 사실을 잘 알기 때문이다. 그러나 실존주의자는 반허무주의자라고도 할 수 있다. 실존주의자는 삶에 의미가 있다는 사실을 잘 알기 때문이다. 우리가 스스로 선택하여 자기 존재에 부여하는 의미다. 실존주의자는 인간에게 자신을 창조할 수 있는 자유, 인생의 고난과 맞서는 노력을 통해 자신을 가치 있는 것으로 만들 수 있는 자유가 있다는 사실을 잘 안다. 부조리한 삶은 —아니 차라

리 죽음은 — 결국 승리를 거두고 말 테지만 우리에게 중요한 것은 노력하고 극복하는 여정이다.

실존주의 철학자 알베르 카뮈는 《시시포스의 신화(The Myth of Sisyphos)》라는 철학 수필에서 인간존재의 비극을 신화에 등장하는 시시포스의 고난에 비유한다. 시시포스는 굴러 떨어질 수밖에 없는 커다란 바위를 산꼭대기로 밀어 올리는 형벌을 받았다. 카뮈는 인생이 시시포스의 고난처럼 부조리하고 본질적으로 아무런 의미가 없다는 점을 생각할 때, 과연 그런 인생이 가치가 있느냐고 묻는다.

늘 존재하는 자살의 가능성을 거부하는 일은 곧 계속 살아가기로 선택하는 일이다. 우리는 그 선택을 통해 그 자체만으로는 아무런 가치가 없는 삶에 가치와 의미를 부여한다. 인생을 끝장내기보다 계속 살아가기로 선택하면서 자기 삶에 대한 책임을 인정하는 셈이다. 카뮈는 인간이 처한 현실을 실존적으로 설명하면서 얼핏 염세적으로 들리지만 실제로는 낙관적인 결론을 이끌어낸다. 발버둥 치는 인생 자체에는 본질적으로 아무런 목적도 없고 언제나 결과가 똑같지만, 인간은 그럼에도 불구하고 발버둥 치는 노력을 통해 목적의식을 창조해낼 수 있다는 결론이다. 우리는 인생이라는 게임에 참가하여 활약을 펼치는 방식으로 자기 인생에 목적을 부여할 수 있다. 이 결론이 별로 낙관적이지 않다고 생각한다면 인생의 진실한 모습을 왜곡하는 전제에 기반을 두지 않으면서 단순한 동화나 소원의 결말에 그치지 않는 자기만의 낙관적인 결론을 찾아봐도 좋을 것이다.

독자적으로 활동한 덴마크의 기독교 철학자 쇠렌 키르케고르와 무신론자이자 낭만주의 철학자 아르투르 쇼펜하우어, 프리드리히 니체는 각기 다른 방식으로 영향력을 행사하며 나중에 실존주의라고 불릴 철학의 토대를 닦았다. 방법은 달랐지만 세 사람은 우리가 '인간 현실에 대한 진실'이라 부르는 문제에 관심을 쏟았다. 키르케고르와 쇼펜하우어, 니체가 관심을 기울인 문제는 20세기 초반 카를 야스퍼스(Karl Jaspers)의 관심을 끌었고, 그는 '실존철학(existence philosophy)'이라는 용어를 만들었다. 그리고 실존철학의 대열에 마르틴 하이데거(Martin Heidegger)와 장 폴 사르트르, 시몬 드 보부아르, 모리스 메를로퐁티(Maurice Merleau-Ponty), 알베르 카뮈가 합류했다. 하이데거를 제외한 네 사람은 절친한 친구로, 파리의 보헤미안 풍 카페에서 함께 싸구려 와인을 마시고 골루아즈 담배를 피우며 어울렸다.

하이데거는 이중 아무와도 친하게 지내지 않았는데, 그가 어울리려 한들 모두 탐탁지 않게 여겼을 것이다. 하이데거가 독일 늙은이여서가 아니라 유감스럽게도 나치에 동조한 적이 있기 때문이다. 하이데거가 나치에 몸담은 적이 있다는 사실은 그의 이름이 거론될 때마다 등장하는 껄끄러운 문제다. 정확히 말하면 그는 국가사회주의독일노동자당(나치당)에 소속된 적이 있지만, 1934년 탈당했다(1934년 수상이던 히틀러는 대통령직에 올라 독재를 시작한다. —옮긴이). 국가사회주의에 발을 담근 적이 있는 사람이 위대한 실존주의 텍스트로 손꼽히는 《존재와 시간》을 집필했다는 것은 좀처럼 이해하기 어려운 일이다.

어쨌든 실존주의는 하이데거와 사르트르를 비롯한 철학자들의 글을 통해 철학에서 독립된 한 가지로 그 위치를 확립했다. 이들의 사상은 한곳으로 수렴되어 일관성 있는 체계를 형성한다. 그 사상 체계의 중심에 "실존은 본질에 앞선다"는 금언이 빛나고 있다. 이 말은 일반적으로 사르트르가 한 말로 여겨진다. 사르트르가 1946년에 출간한 짧은 책 《실존주의는 휴머니즘이다(Existentialism and Humanism)》에서 이런 말을 한 것은 분명하다. "실존은 본질에 앞선다"는 말에는 본질적으로 관념론을 부정하는 실존주의의 관점이 분명하게 요약되었다. 즉 어떤 사물에 실재성과 의미를 부여하는 이상적이고 내세적이고 천부적이고 추상적이고 형이상학적인 본질은 존재하지 않는다는 관점이다. 의자나 바위 같은 사물 존재가 있고, 이런 일련의 사물 존재를 넘어서는 존재는 의식뿐이다. 여기에서 의식은 오직 '그 무엇인가에 관한 의식'으로 존재하며, 그 자체로는 무(無)인 존재다. 의식의 무에 대해서는 자세히 설명할 기회가 있을 것이다.

인간존재에 초점을 맞춰 생각하는 경우 "실존은 본질에

앞선다"는 말은, 인간은 아무런 의미나 목적 없이 먼저 존재하기 때문에 그 이후 자신에게 결여된 의미나 목적을 부여하기 위해 노력해야 한다는 개념으로 풀이된다. 인간에게는 자신이 끊임없이 창조하는 본질 말고는 아무런 본질도 존재하지 않는다는 뜻이다. 사르트르의 시간제 여자 친구이자 평생의 지적 논쟁 상대였던 시몬 드 보부아르는 이런 말을 자주 했다. "남자의 본성은 본성을 갖지 못하는 것이다."

지금 어떤 사람이 페미니스트 티를 내며 잘난 체하기 전에 짚어두면 여기에서 '남자'는 남성이라는 성별이 아니라 '남자와 여자'를 포함한 인간 전체를 가리키는 말이다. 이런 문맥에서 '남자'라는 말을 사용해선 안 된다고 주장하는 이들은 뼛속 깊은 무지와 좁은 속을 드러내는 셈이다. 사회학을 비롯한 사회과학에서 정치적 올바름이라는 개념을 발명하느라 정신없던 시절, 나는 '남자(man)'와 '인류(mankind)'라는 용어 사용에 대해 정치적으로 너무나 올바른 사회학자와 끔찍하게 지루한 토론을 벌인 적이 있다. 나는 우리가 함께 가르치는 학생들에게 마르크스주의를 강의하기 전에 그 사람과 마르크스주의에 대한 내 생각을 몇 가지 이야기해보고 싶어 몸이 달아 있었다. 하지만 우리의 대화는 '남자'와 '인류'라는 용어 사용에서 막혀 한 발짝도 앞으로 나아가지 못했다.

어찌 되었든 "본성을 갖지 못하는 것이 남자의 본성이다"

라고 말한 사람은 페미니즘의 실질적인 창시자라 할 만한 시몬 드 보부아르다. 설사 사르트르가 자신에게 손댈 여지를 남겨두었다 해도 보부아르가 페미니즘의 창시자라는 사실은 변하지 않는다. 하지만 사르트르가 보부아르에게 손을 댔다는 것은 실로 터무니없는 거짓말이다! 우선 사르트르는 보부아르를 때려줄 수 있을 만큼 몸집이 크지 않다. 내가 방금 보부아르가 사르트르에게 손댈 여지를 남겨두었다고 말한 것은 시류에 편승하고픈 충동에 무릎을 꿇었기 때문이다. 요즘 사르트르와 보부아르에 대해 자료를 제대로 조사하지도 않고 선정적으로 써댄 전기가 선풍적인 인기를 끌고 있다. 그나마 잘 쓴 전기에서조차 사르트르와 보부아르가 재미 삼아 닭의 머리를 물어뜯었다고 주장하는가 하면, 가장 질 나쁜 전기에서는 두 사람이 나치에 협력했다고 매도한다.

본론으로 돌아오면, 주류 실존주의는 반관념론적이고 반형이상학적이며 무신론적이다. 실존주의에서는 인간을 의미가 없는 나머지 부조리할 지경인 무심한 우주에서 살아가는 존재로 본다. 그러므로 이 세계에 발견되는 의미는 어떤 것이든 개인의 실존 범위 안에서 개인에 의해 창조되어야 한다. 자신의 존재 의미가 정해졌다고 생각하거나, 신 혹은 신들에 의해 인간존재의 궁극적인 목적이 정해졌다고 생각하는 사람은 착각의 늪에 빠진, 현실을 직시하는 것을 두려워하는 비겁자일 뿐이다. 다시 말해 아무것도 알지 못하는 멍청이로, 어른답게 철이 들어 현실을 직시할 필요가 있는 사람이다.

그러나 앞에서 말했듯이 실존주의자라는 이름에 걸맞은 모든 사상가들이 신이 존재하지 않는다는 견해를 지지하는 것은 아니다. 일례로 러시아의 위대한 문호 표도르 도스토옙스키(Fyodor Mikhailovich Dostoevsky)는 여러 가지 면에서 볼 때 실존주의 사상가가 분명하지만, 덴마크의 위대한 기독교 철학자 키르케고르와 마찬가지로 무신론자는 아니다. 실존주의라는 광대한 교회는 파울 틸리히(Paul Tillich), 마르틴 부버(Martin Buber), 카를 바르트(Karl Barth), 가브리엘 마르셀(Gabriel Marcel) 등 믿음이 깊은 사상가와 작가이자 극작가 사뮈엘 베케트 같은 무신론자를 아우른다(그렇다고 실존주의 교회라는 고딕 양식 건물이 실제로 있다고 생각하면 곤란하다). 나는 여기에 소개한 인물의 이름이 어떻게 발음되는지 독자가 찾아보길 바라는 마음에서 굳이 설명하지 않았다. 나 역시 이 사람들의 이름을 어떻게 발음하는 것이 정확한지 잘 모르기 때문이기도 하다. 하지만 딱히 걱정하지 않아도 좋다. 유명한 베케트를 제외하고 여기 소개한 인물들은 대학교 신학부 밖에서는 잘 알려지지 않은데다, 대학교 신학부 자체도 그다지 존재감이 없기에 몰라서 곤란한 경우는 드물 것이다.

〈파리에서의 마지막 탱고(Last Tango in Paris)〉라는 작품을 통해 말런 브랜도(Marlon Brando)에게 말로는 표현 못 할 짓을 시킨 이탈리아 감독 베르나르도 베르톨루치(Bernardo Bertolucci)는 영화에서 숱한 실존주의적 주제를 탐험한다. 또 정신과 의사 로널드 랭(Ronald Laing)은 정신병과 정신분열증의 정신 상태를 실존주의 용어로 정의한다. 랭은 정신분열증과 정신장애를 다룬 《The Divided Self: An Existential Study in Sanity and Madness(분열된 자아 : 제정신과 광기에 대한 실존주의 연구)》를 집필했다. 나는 이 책을 추천하면서 조금 망설여진다. 이 책을 읽고 나면 모든 증상이 자기 일처럼 느껴지는 현상에 시달릴 게 분명하기 때문이다. 나 또한 이 책을 읽은 뒤 정신병에 걸린 게 아닐까 심각하게 고민했다! 함부로 말할 순 없지만, 랭이 환자를 늘리기 위한 방책으로 일부러 이 책을 쓴 것이 아닐까 의심이 생길 정도다.

또 다른 실존주의자 셰익스피어, 특히 《햄릿(Hamlet)》《리어왕(King Lear)》 같은 위대한 비극을 비롯한 장중한 작품에서 성숙한 셰익스피어는 뼛속까지 실존주의자다. 어쩌면 실존주의 개념을 처음 발명한 사람이 셰익스피어라고 말할 수 있을지도 모른다. 인간 현실을 바라보는 방식으로서 실존주의, '이 세상의 번뇌'(《햄릿》 3막 — 옮긴이)는 실존주의라는 용어 자체보다 훨씬 오래전부터 우리 주위에 있었다. 가장 유명한 실존주의자라고 할 수 있는 사르트르도 처음부터 실존주의라는 용어를 받아들인 것은 아니다. 사르트르는 '실존철학(philosophy of existence)'이나 종전의 말하기도 어려운 '현상학적 존재론'이라는 용어를 선호했다. 하지만 자기를 홍보하는 데 거리낌이 없던 사르트르는 곧 대중의 취향에 따라 실존주의라는 용어를 채택했다.

서문에서 나는 실존주의자가 되려면 어느 정도 노력이 필요하다고 말했다. 실존주의자가 되는 일은 의지가 약하거나 소심한 사람, 난관에 부딪히면 바로 포기하는 사람들이 할 수 있는 일이 아니다. 이 책을 여기까지 읽은 당신은 난관이 닥쳤다고 포기하는 부류가 아니라는 사실을 스스로 증명했다. 분명 여기까지 오는 것도 쉽지 않았을 것이다. 고생 많았고 잘했다. 실존주의자 지망생이라면 내가 윗사람인 체하며 칭찬하는 것이 듣기 거북할지도 모르겠다. 그렇다면 이렇게 말해주겠다. "당장 그 엉덩이 못 움직이겠나! 아직도 36킬로그램 완전군장(영국군 기준. 한국 군장의 무게는 2012년 현재 48.7킬로그램이다. — 옮긴이)을 메고 행군해야 할 길이 몇 킬로미터나 남았다!" 영국 해병과 공수부대에서는 "포클랜드를 가로지르는 기나긴 행군을 기억하라"고 말할 것이다.

하지만 의지가 약하거나 소심하지 않은 당신은 지금까지 실존주의의 개요만 설명했다고 해도 눈 하나 깜짝하지 않을 것이다. 실은 여기까지 내용은 실존주의가 탄생한 배경과 역사를 간략하게 설명한 것에 불과하다. 실존주의 철학이 주장하는 근거를 파헤치기 위해서, 실존주의가 주장하는 의미를 제대로 파악하기 위해서 우리는 지반이 지금보다 훨씬 단단한 곳을 깊이 파고들어야 한다. 이를테면 시몬 드 보부아르는 왜 남자의 본성은 본성을 갖지 못하는 것이라고 말하는가? 의식은 그 자체로는 아무것도 아니라는 말은 무슨 의미인가?

실존주의에 가혹한 평가를 내리는 비평가들이 뭐라고 말하든 — 이런 사람치고 실존주의를 제대로 이해하는 사람은 없지만 — 실존주의는 서양철학에서 최고의 전통에 뿌리내린 철학이자 인간 현실에 일관성 있는 이론을 펼치는 철학이다. 실제로 실존주의는 인간 의식의 본질에 대한 이론에 기반을 둔다. 인간 의식의 본질을 다룬 이론은 위대한 독일 철학자 이마누엘 칸트(Immanuel Kant)와 게오르크 헤겔(Georg Wilhelm Friedrich Hegel)까지 거슬러 올라간다.

따져보면 실존주의는 '현상학(phenomenology)'이라 불리는 철학 이론에서 갈라진 가지라고 볼 수 있다. 현상학의 기원은 헤겔로 거슬러 올라가며, 칸트 또한 어느 정도 역할을 담당했다. 아무것도 없는 상태에서 무언가를 만들 수는 없기 때문에 모든 철학자는 자신의 선임자에게 무엇인가 빚지고 있다. 여기에서도 칸트나 헤겔을 뒷전으로 미뤄둔 채 현상학의 근원을 밝히는 일은 불가능하다. 그리고 칸트는 스코틀랜드 철학자 데이비드 흄(David Hume)에게 큰 영향을 받았으므로, 현상학의 기원은 흄을 넘어 시간의 안개 속을 거슬러 올라간다. 우리는 흄의 사상에서 현상학을 다룬 이론의 뿌리를 발견할 수 있다.

어찌 되었든 실존주의에서 이야기하는 시간과 자유, 인간관계, 자기기만, 진정성 등에 대한 주장은 모두 현상학에서 말하는 의식의 이론으로 뒷받침된다. 그렇다면 우리가 현상학에서 말하는 의식의 이론을 자세히 살펴봐야 하는 것은 당연한 수순이다. 이 의식의 이론은 훌륭하고 깊이 있는 이론으로, 언뜻 터무니없이 들리는 패러독스로 가득하다. 그러나 이 패러독스를 곱씹어 생각할수록 그 안에 숨은 참뜻이 분명하게 다가온다. 무엇보다 의식의 이론은 실존주의를 이해하는 핵심이다. 어떤 의미에서는 의식의 이론이 곧 실존주의라고 할 수 있다. 옆에 있는 사람이 실존주의가 무엇인지 궁금해하면 "실존주의는 의식의 이론이야"라고 대답해주자.

실존주의가 무엇인가라는 질문에는 수많은 답이 존재한다. 1960년대 만화가 킴이 창안한 〈사랑이란…(Love is)〉 시리즈를 아는지 모르겠다. 만화와 포스터, 배지, 티셔츠 등에 사랑이란 무엇인가에 대한 여러 가지 답이 새겨진 이 시리즈는 지금도 널리 사랑받는다. '사랑이란 장갑을 나누어 끼는 것' '사랑이란 사랑받고자 하는 욕구'. 두 번째는 사르트르가 한 말이다. 사르트르가 이 말을 쓴 게 1943년이니까 킴의 유명한 만화 시리즈가 사르트르의 영향을 받았는지도 모르는 일이다. 여하튼 실존주의 또한 〈사랑이란…〉 시리즈와 비슷하다. '실존주의란…'으로 시작되는 문장에 어울리는 답은 하나에서 그치지 않는다. '실존주의란 인간 현실에 대한 이론' '실존주의란 소심한 사람에게는 어울리지 않는 철학' '실존주의란 진중한 철학' '실존주의란 그렇게 진중하지는 않은 철학'.

:: 실존주의와 의식

대다수 정신철학자나 실존주의자들이 선호하는 용어에 따르면 '의식(consciousness)'은 어떤 것이 아니다. 사실상 의식은 "아무것도 아니다". 좀더 정확하게 표현하면 의식은 그 자체로는 아무것도 아니다. 이는 실로 경악스러운 주장이 아닐 수 없으며, 처음에는 말도 안 되는 소리처럼 들리기 십상이다. 하지만 이 말의 뜻을 곰곰이 생각해보자. 일단 귀에 익으면 의식이 아무것도 아니라는 말은 대단히 사리에 맞는다. 사르트르는 의식은 그 자체로 아무것도 아니라는 점을 확신한 나머지 실존주의에 대한 가장 위대한 저서에 '존재와 무(Being and Nothingness)'라는 제목을 붙였다. 여기에서 무(無)는 의식의 존재를 가리킨다. 좀더 정확하게 짚고 넘어가면 사르트르가 자신의 가장 위대한 저서에 붙인 제목은 '레트르 에 르 네앙(L'Etre et le néant)'이다. 말 그대로 옮기면 '존재와 비존재'다. 하지만 '존재와 무'가 이 작품의 수수께끼 같은 분위기를 더하는 제목으로 굳어진 이상, 어느 편집자도 이 책의 제목을 바꿔보겠다고 덤비지는 못할 듯싶다.

의식이 아무것도 아니라는(무 혹은 비존재라는) 주장을 이해하기 위한 첫걸음은 우리가 사는 우주를 구성하는 모든 것이 물질이나 원자—물체를 구성하는 가장 작은 단위가 무엇이든—뿐만 아니라는 사실을 인정하는 것이다. 이를테면 시간은 물질인가? 우리는 시계로 시간을 잴 수 있고, 흔히 말하듯이 시간이 빨리 혹은 느리게 흐른다고 느낄 수도 있다. 하지만 우리는 시간을 한 줌 쥘 수 없고, 그 위에 핀을 꽂아 고정할 수도 없다. 시간은 실재하지만 물질이 아니다. 우리가 '심리 상태(states of mind)'라고 부르는 믿음이나 기대, 불안 등도 같은 논리로 설명할 수 있다.

숫자 또한 우리 삶에 지대한 역할을 하지만 물질, 즉 철학자들이 말하는 '형이하(形而下)'라고 할 수 없다. 한 아이는 숫자 3 모양으로 만들어진 연두색 플라스틱을 손에 쥘 수 있지만, 이 아이가 숫자 3을 손에 쥐었다고 할 수는 없다. 숫자 3 자체는 연두색도 아니고, 플라스틱도 아니다. 아이가 그 작은 손에 쥔 연두색 플라스틱은 숫자 3이라는 추상적 개념의 상징일 뿐이다. 숫자 3의 상징으로 'trois'를 쓰는지, '3'을 쓰는지, '☺☺☺'을 쓰는지 차이가 있겠지만, 숫자라는 추상적인 개념을 어떤 상징으로 대체하여 사용하는 일은 우주에 존재하는 사고할 줄 아는 모든 생명체에게 통용되는 방법이다. +, −, = 등 다른 수학 기호 또한 같은 방식으로 설명할 수 있다. 이를테면 =(등호)는 동치 혹은 등가라고 불리는 손에 쥘 수 있는 '사물'을 의미하지 않는다. 등호는 둘 혹은 그 이상의 무엇 사이 '관계'를 의미한다.

수학이라면 질색하는 독자가 참지 못하고 책을 덮어버리는 일이 벌어져선 안 되니 수학을 예로 드는 것은 그만두자. 실존주의는 수학과 그다지 가깝지 않으니 안심해도 좋다. 실존주의자가 되기 위해 수학을 잘할 필요는 없다. 내가 수학의 예를 들어서 하려는 일은 현실의 적지 않은 부분을 차지하는 영역, 즉 수학의 세계가 물질로 구성되지 않았다는 점을 지적하는 것뿐이다.

운동화나 예인선, 점착테이프는 물질로 구성된 사물이다. 반면 등호는 '관계'다. 이 세상의 존재에는 어떤 종류가 있느냐는 질문을 받은 한 철학자는 짧게 대답했다. "사물과 관계." 의식이 여기에서 두 번째 범주에 속하는 것은 확실하다. 의식은 물질로 구성된 사물이 아니라 관계다. 똑같은 질문을 받은 또 다른 철학자는 이렇게 대답했다. "사물과 놈." 이 철학자는 남자 사립학교를 졸업한 부류며, 아마도 여자를 많이 알지 못하는 게 틀림없다. 하여튼 이 철학자가 말한 '사물과 놈'은 핵심을 찌른다. 이 세계는 객체(사물)와 주체(놈), 즉 의식으로 구성되었다는 것이다(사르트르는 《존재와 무》에서 이 세계의 존재를 의식이 있고 없음에 따라 두 가지로 나누어 의식이 없는 사물 존재를 즉자존재, 의식이 있는 인간존재를 대자존재[對自存在, pour-soi]라고 명명한다. — 옮긴이).

세계를 지나치게 단순화하고 싶어 하는(세상 모든 것을 작은 물리 입자의 운동에 끼워 맞추고 싶어 하는) 일부 과학자들은 의식이 뇌의 상태일 뿐이며, 뇌에서 일어나는 수백만 가지 전기화학적 반응에 지나지 않는다고 주장한다. 자, 여기에서는 조심스럽게 걸음을 내디뎌야 한다. 의식이 그 자체로 아무것도 아니며 사물이 아닌 관계라고 주장한다고 해서 뇌가 없이도 의식이 존재한다 혹은 존재할 수 있다는 말은 아니다. 실존주의자의 표현을 빌리면 의식은 '구현되어야' 한다. 다소 재미없지만 실존주의자는 몸이 없이 자유롭게 떠도는 의식이나 유체 이탈 체험, 귀신이나 유령 같은 존재를 인정하지 않는다. 의식이 존재하기 위해서는 뇌가 있어야 하며, 생명의 징후가 증명하는 대로 뇌가 파괴되면 의식도 파괴된다.

하지만 의식이 존재하기 위해 뇌가 있어야 한다고 해서 의식이 '단지' 뇌의 활동에 불과하다거나, 의식을 뇌의 활동으로 '한정할 수' 있다는 말은 아니다. 뇌 주사 장치를 통해 어떤 사람의 뇌에서 특정 부분의 뉴런이 활성화되는 것을 볼 수 있다고 해서 그 사람의 생각을 볼 수 있는 것은 아니다. 우리가 아는 건 그 사람이 케이크가 먹고 싶다는 생각을 할 때 뇌에서 특정 부분의 뉴런이 활성화된다는 것뿐이다. 뇌를 아무리 철저하게 뒤져본들 그 사람이 등산할 계획을 세워놓은 저 머나먼 산에 대해 알아낼 방도는 없다. 아무리 뒤져도 그 사람의 두개골에서 그 산의 작디작은 사진 한 장 찾아낼 리 만무하다. 우리가 찾아낼 수 있는 것은 — 그 철철 흐르는 피바다 속에서 뭔가 볼 수 있다면 — 주름진 회색 덩어리뿐이다.

그 사람의 욕구나 생각, 기대는 — 물론 뇌가 없이는 어떤 욕구나 기대도 품지 못하지만 — 머릿속에 있는 물질이 아니기 때문이다! 욕구나 기대는 오히려 그 사람과 세계의 '관계'라는 성격을 띤다. 그 사람의 욕구는 단지 x, y, z의 뉴런 활성화 양식이 아니라 그 사람 앞에 놓인 접시에 담긴 케이크에 '대한' 욕망이며, 등산할 계획을 세운 산에 '대한' 기대다. 이를테면 산에 대해 생각할 때 나는 마음의 눈으로 뇌 속에 있는 산의 작은 사진을 들여다보는 것이 아니다. 저 바깥에 존재하는 산에 대해 생각하고, 산을 '지향하는(intending)' 것이다. 내가 산에 대해 기대하는 마음을 품는다면 그 산에 가고 싶기 때문이다. 기대감이 뇌에서 일어나는 화학반응에 불과하다면 실제로 기대하는 대상이 존재하지 않더라도 기대감이 들 수 있을 텐데, 이런 일이 불가능하다는 것은 의심할 여지가 없다. "나는 우리 형이 5분 안에 도착하리라 기대하고 있어. 비록 형은 지금 지구 반대편 끝에 있지만." 도무지 말이 되지 않는다. 우리가 기대감을 품는 것은 '무언가'를 기대하기 때문이다. 그러므로 욕구는 '무언가에 대한' 욕구일 수밖에 없으며, 생각은 '무언가에 대한' 생각일 수밖에 없으며, 기대는 '무언가에 대한' 기대일 수밖에 없다.

'무언가에 대한' 욕망이나 '무언가에 대한' 기대라는 말에는 의식이 단지 두뇌의 상태로 규정될 수 없으며, 의식은 그 자체로는 아무것도 아니고 그 의식이 자각하는 세계와 '관계'로서 존재한다는 의미가 있다. 실존주의자를 포함하는 좀더 넓은 범주의 철학자 집단인 현상학자들은 이 모든 말을 한 마디로 요약한다. "의식은 무언가에 대한 의식이다." 실존주의자의 성경이라 불리는 《존재와 무》에서 사르트르는 말한다. "의식이 무언가에 대한 의식이라는 말은 의식이 무언가를 드러내는 직관이라는 명백한 의무를 벗어나는 경우 의식에 대해서는 아무것도 존재하지 않는다는 뜻이다."[4] 의식은 무언가에 대한 의식이라고 보는 관점은 '지향성 이론(theory of intentionality)'이라고 한다.

지향성 이론을 처음 생각해낸 사람은 독일 심리학자 프란츠 브렌타노(Franz Brentano), 이를 발전시킨 인물은 독일 철학자 에드문트 후설(Edmund Husserl)이다. 현상학 분야에는 지중해 연안에 위치한 호텔처럼 독일 사람이 바글바글하다. 하지만 현상학 호텔의 독일인은 수영장에 내려와 커다란 수건을 휘두르며 일광욕하는 다른 사람을 훼방 놓는 대신 방에 틀어박혀 글 쓰는 일에 몰두했다. 후설은 엄밀히 말해 실존주의자라고 할 수 없지만, 의식에 대한 후설의 이론은 실존주의자를 떠받치는 큰 기둥이라 할 수 있는 하이데거와 사르트르에게 엄청난 영향을 끼쳤다. 후설은 사르트르에게 큰 영향을 미친 유일한 인물이라 해도 과언이 아닐 것이다.

1933년 청년 사르트르는 몇 달 동안 독일에 머무르며 후설의 철학을 공부했고, 그 결과 1937년 후설의 정신철학을 자세히 분석한 《The Transcendence of the Ego(자아의 초월)》라는 책을 집필하기도 했다. 지향성 이론에서는 의식이 '지향적(intentional)'이라고 명시한다. 즉 의식은 항상 무언가를 '지향하며', 항상 무언가에 '대한' 의식으로 존재한다는 뜻이다. 의식의 지향성을 의식의 '대하여성(aboutness)'이라고 말하는 현대 철학자도 있다. 거울에 비친 상이 거울에 비춰지는 대상 없이 그 자체로는 아무것도 아니듯, 의식 또한 의식이 비추는 대상 혹은 의식이 지향하는 무언가가 없이는 아무것도 아니다.

의식은 언제나 무언가에 대한, 무언가를 향한 의식이기 때문에 지향성 이론에서는 의식을 탐구하기 위한 모든 시도는 의식이 지향하는 무언가에 대한 탐구로 귀결된다고 말한다. 실존주의자를 포함한 현상학자들은 각기 다른 '현상', 즉 각기 다른 지향적 대상(intentional object)'이 의식에 나타나는 방식을 탐구하면서 의식을 이해하려 한다. 지향적 대상이란 의식이 지향하는 모든 대상, 즉 의식이 지각하고 상상하고 믿고 느끼는 모든 것을 말한다.

이를테면 사랑이라는 감정 또한 지향적 대상, 의식에 비춰져 나타나는 현상의 집합이라 할 수 있다. 데이비드가 빅토리아를 사랑한다고 할 때 그 사랑은 사랑 자체로 존재하지 않는다. 사랑은 데이비드가 빅토리아를 볼 때마다 느끼는 행복, 빅토리아를 생각할 때 일어나는 욕망, 데이비드가 빅토리아에 대해 호의적으로 하는 말, 빅토리아를 도와주고 보호하고 싶은 데이비드의 소망 혹은 의향 등으로 구성된 지향적 대상이다(이 경우 심리적 지향적 대상이라 할 수 있다). 이런 현상은 그 뒤에 숨은 사랑이라는 감정이 겉으로 드러난 결과라기보다 그 자체로 사랑이다. 우리가 총체적으로 빅토리아에 대한 데이비드의 사랑이라 지칭하는 여러 가지 현상을 제외하고 사랑 그 자체는 존재하지 않는다.

물리적으로 존재하는 사물 또한 지향적 대상, 의식에 비춰져 나타나는 '현상'의 집합이 될 수 있다. 이를테면 펜이 먼 곳에 있다면 그 펜은 작게 보인다. 가까운 곳에 있다면 그 펜은 크게 보인다. 펜이 놓인 방향을 돌려놓으면 보이던 면이 사라지고 다른 면이 나타난다. 어떻게 놓였는가에 따라 펜의 형태는 다르게 보인다. 조명에 따라 펜의 색깔도 다르게 보인다. 책상 위에 펜을 던지면 떨어지면서 소리가 난다. 펜에도 사랑에 대한 설명을 그대로 적용할 수 있다. 우리가 총체적으로 펜이라고 기술하는, 계속 변하는 여러 가지 현상을 제외하고 펜 그 자체는 존재하지 않는다. 그러므로 브렌타노와 후설을 비롯하여 수많은 현상학 추종자에 따르면 사물은 현상의 집합일 뿐이다. 사물이 올바르게 이해되기 위해서는 반드시 그 현상으로 '한정해' 이해되어야 한다.

여기에서 놀라운 결론이 도출된다. 이 세계를 구성하는 물질적 · 비물질적인 것들은 종류를 불문하고 모두 '의식'에 투영되는 현상의 집합이다.

여기에 대한 사르트르의 입장을 짚고 넘어갈 필요가 있다. 사르트르는 이따금 현상에 대한 이 놀라운 결론에 이의를 제기하고 싶은 양, 어떤 현상이 우리에게 나타나는 순간에도 그 현상은 독자적으로 존재한다고 주장하기도 한다. 이를테면 머그잔 하나를 예로 들어보자. 머그잔은 우리에게 나타나는 현상의 집합인 동시에 저 바깥에서 그저 '머그잔으로 있다'. 즉 머그잔은 머그잔을 보고, 만지고, 그 잔으로 무언가를 마시는 사람과 전혀 상관없이 그 자체로 존재한다는 말이다. 하지만 사르트르가 실재론자와 가깝다고 보기는 어렵다(실재론에서는 인식 대상이 인식 작용의 의식이나 주관에서 독립하여 존재한다고 본다 — 옮긴이). 사르트르는 현상이 현상으로서 실재성을 지니기 위해서는 반드시 누군가에게 나타나야 할 필요가 있다고 주장한다. 《존재와 무》의 첫머리에서도 명시하듯이 "현상은 어디까지나 상대적이다. '나타나는 것'이란 본질적으로 그것이 누군가의 앞에 나타난다는 것을 예상하기 때문이다".[5] 간단히 말해 머그잔이 머그잔으로 존재하는 것은 누군가의 앞에 나타날 때뿐이라는 뜻이다.

이런 주장을 펼치던 사르트르는 위대한 독일 철학자 칸트풍의 소위 '초월적 관념론(transcendental idealist)' 개념과 마주한다. 칸트는 철학의 로마 같은 인물이어서, 철학의 모든 길은 이르건 늦건 칸트로 통하게 마련이다. 사르트르는 수많은 저서에서 의식이 존재하지 않는 곳에는 자신이 '획일적 존재(undifferentiated being)'라고 부르는 존재밖에 없다고 주장한다. 이 획일적 존재는 단지 존재할 뿐, 이것이 이 존재에 대해 말할 수 있는 전부다. 획일적 존재에는 아무런 속성도, 특색도, 성질도 없다. 낮 시간에 방영되는 TV 프로그램도 이에 비하면 개성이 넘칠 정도다! 심지어 획일적 존재에는 과거도, 미래도 존재하지 않는다. 철학자들은 아무도 듣는 사람이 없는 숲 속에서 나무 한 그루가 쓰러질 때 과연 소리가 나는가 하는 문제를 두고 종종 논쟁을 펼친다.

의식이 존재하지 않는 곳에는 오직 획일적 존재가 존재한다면, 의식이 없는 곳에서는 쓰러져 소리를 낼 어떤 개별적인 나무도 존재하지 않을 것이다. 실로 개별적인 무엇도 존재하지 않을 것이다!

사르트르는 획일적 존재가 의식에 의해 개별적인 현상으로 구별되고 분화된다고 주장한다. 사르트르에 따르면 의식은 획일적 존재에 특정한 무, 결여, 결핍, 부재를 부여하는 존재다. 말하자면 획일적 존재를 개별적인 현상으로 만들어주는 것은 의식이 부여하는 부정과 결여인 셈이다. 획일적 존재는 의식에 의해 그것과 다른 이것, 그것이 아닌 이것, 그것과 상관없는 이것, 거기가 아닌 여기, 지금이 아닌 그때로 구분된다. 시간의 안개 속으로 거슬러 올라간 시절, 나를 가르친 그레고리 매컬럭(Gregory McCulloch)은 《Using Sartre(사르트르 이용하기)》라는 뛰어난 저서에서 사르트르의 입장을 다음과 같이 요약한다. "사르트르는 이런 견해를 취하는 듯 보인다. 비의식의 세계는 그 자체로 '완전' 혹은 '충만'한, 잡탕죽 같은 물질로 구성된 획일적 덩어리 같은 것이라고. 이 물질은 우리에 의해 '알려진 세계'의 모습으로 만들어진다."[6] 하지만 사르트르의 획일적 존재와 비교하면 잡탕죽은 개성이라도 풍부하다. 적어도 현상적 측면에서 볼 때 말이다.

사르트르의 주장은 이해하기 어렵지 않다고 해도 받아들

이기는 어렵다. 여기에서 알아야 할 핵심은 사르트르가 칸트와 마찬가지로 우리가 인식하는 현상의 세계는 '저 바깥에' 존재하는 것과 '저 바깥에' 존재하는 것에 작용하는 의식 활동의 '합'이라고 말하는 것이다. 우리는 이 세계를 관망하는 수동적인 관찰자가 아니다. 우리가 인식하는 세상은 의식과 존재 사이에 있는 밀접한 '관계'의 산물이다. 고대 그리스 철학자 프로타고라스(Protagoras)의 말을 빌리면 "인간은 만물의 척도다".

우리가 본론에서 너무 멀리 벗어나 모호하고 요령부득인 데다, 쓸데없이 말이 많은 철학적 공론으로 빠져들었다고 생각할지도 모르겠다. 이 모든 철학적 주절거림이 실존주의자가 되는 주요 목표와 무슨 상관이 있는지 궁금해지기 시작했는지도 모른다. 이런 이야기를 하는 이유는 다음과 같다. 첫째, 실존주의자가 되기 위해서는 실존주의가 무엇인지 알아야 한다. 지금껏 이야기한 것이 의식이라는 주제를 다루는 데 있어 실존주의가 무엇인가 하는 내용이다. 인간이 단지 세계를 관망하는 수동적인 관찰자가 아니며, 만물의 척도이라는 이야기를 통해 사르트르를 비롯한 실존주의 철학자들이 가장 강조하는 것은 이 세계는 우리가 끊임없이 능동적으로 해석해야 하는 대상이라는 사실이다. 우리가 마주하는 세상은 자신이 선택한 동기와 의도, 삶의 방식과 평가 기준에 따라 규정되고 정의된다. 이 말은 세상이 우리가 원하는 바에 따라 달라질 것이라는 뜻이 아니다. 단지 이 세상은 우리가 세상과 마주하는 방식의 산물이라고 보는 것이 타당하다는 뜻이다. 우리는 이 사실을 통해 우리 안에 엄청난 힘이 있음을 깨닫고, 그렇게 되어야 마땅하다. 우리 안의 힘을 찾아주는 일은 실존주의자가 되는 계획에서 최우선 순위를 차지하는 항목이다.

예전에 '자신감이 전부'라고 이야기하는 자동차 광고를 TV에서 본 적이 있다. 이런 진부한 표현은 회사에서 직원들에게 서류를 더 많이 돌리고, 상품을 더 많이 생산하라고 붙이는 동기부여 포스터에서 흔히 찾아볼 수 있다. 이를테면 편을 나눠 줄다리기하는 그림 위에 '팀워크'라는 말이 강조되고, 연어가 강물을 거슬러 올라가는 그림 옆에 '불굴의 의지' 같은 말이 있다. 조시 W. 부시 전 대통령의 사진 옆에는 '1등이 아니어도 승리할 수 있다'는 표어가 쓰일 수 있을 것이다(부시 대통령은 승자 독식제에 따라 전체 지지율에서는 졌지만 선거에서 승리했다.—옮긴이). '자신감이 전부'라는 표어에는 곡예사가 줄을 타는 그림이 어울릴 법하다. 곡예사가 떨어지지 않고 줄을 타기 위해서는 긍정적인 생각과 자신감이 필요하기 때문이다. 긍정적으로 사고하고 자신감 있게 행동하기를 선택하는 사람, 적어도 그렇게 하려고 노력하는 사람은 부정적으로 사고하고 자신 없게 행동하기를 선택하는 사람과 전혀 다른 세상을 살아갈 것이다.

* * *

사르트르를 비롯한 실존주의 철학자들에 따르면 '구별된 존재(differentiated being)', 즉 우리가 사는 이 넘치도록 다양한 현상의 세계는 의식에 기반을 두고 존재한다. 혹은 우리 의식이 존재에 부여하는 무와 부정, 결핍과 부재에 기반을 두고 존재한다. 달리 말하면 현상은 존재 자체에 기반을 두고 나타나는 것이 아니라, 존재의 결여와 결핍에 기반을 두고 나타난다. 이런 존재의 결핍이 발생하는 것은 존재에 의문이 제기되는 순간이다. 의식이 세계와 맺는 관계의 성격은 이 존재에 의문을 제기하는 태도에 달렸다. 여기에서 의문을 제기하는 태도는 무언가 결핍되었다고 평가하는 능력에서 그치지 않고 끊임없이 결핍을 찾아내기를 기대하는 능력으로 이어진다. 이를테면 케이크가 구워졌는지 보려 하는 이유는 케이크가 구워지지 '않은' 가능성을 고려하기 때문이다. 의식이 인식하는 범위 밖에 존재하는 케이크가 있다손 치더라도 의식에 대해서 케이크는 '구워지지 않은 상태'로 존재할 수밖에 없다. 의식은 케이크를 미래에 될 모습이 아직 되지 않은 상태로 인식하기 때문이다. 케이크 자체에는 '구워진 상태'가 결핍되지 않았다. 케이크에 '구워진 상태'가 결핍되는 것은 오직 의식에 대해서, 케이크가 구워지길 바라고 기대하는 의식에 대해서다.

실존주의자들이 결핍을 이해하는 방식을 더 분명하게 살펴보기 위해 도토리와 떡갈나무의 예를 살펴보자. 도토리는 그 자체로 아무것도 결여되지 않은 도토리일 뿐이다. 이 도토리를 미래의 떡갈나무로 생각하기 위해 도토리는 반드시 지금은 존재하지 않는 떡갈나무의 견지에서 평가되어야 한다. 도토리의 '의미'는 현재 도토리에 결여된 속성인 떡갈나무의 비존재에 기반을 둔다. 도토리 그 자체에는 떡갈나무가 결여되지 않았다. 도토리가 떡갈나무가 결여된 존재가 되는 것은 오직 의식에 대해서다. 의식은 도토리를 넘어 아직 되지 못한 떡갈나무의 존재 혹은 떡갈나무의 비존재를 내다볼 수 있기 때문이다. 도토리는 의식에 대해 떡갈나무의 비존재라는 존재로 존재한다. 유의미한 현상으로서 도토리가 도토리로 이해되는 것은 부재하는 속성에 의해서다.

의식은 세계의 의미를 이해하고 그 안에서 목적을 가지고 행동하기 위해 끊임없이 비존재, 무, 부정성, 결핍, 부재를 세계에 도입한다. 기술적으로 풀이하면 현상은 존재가 아니라 비존재에 기반을 둔다고 할 수 있다. 현상은 의식이 잡탕죽 같은 획일적 존재에 특정한 결핍을 부여함으로써 구별된 존재로 규정지을 때 의식을 위해 나타나기 때문이다.

이 개념을 좀더 실제적이고 구체적으로 설명해보자. 우리는 특정 상황을 그 상황 자체로 이해하는 것이 아니라, 그 상황과 마주한 우리가 그 상황에서 결핍되었다고 생각하는 것으로 이해한다. 상황만 생각하면 상황은 그 자체로 완전하며, 아무것도 결핍되지 않았다. 그러나 엄밀히 말해 상황은 그 자체만으로 상황이라 할 수 없다. 어떤 상황이 되기 위해서는 반드시 '누군가에 대한' 상황, '누군가의' 상황이어야 하기 때문이다. 여기에서 상황을 상황으로 만들어주는 결핍, 상황에 미래의 가능성 등을 부여하는 결핍은 그 상황에 처한 누군가에 의해 부여되는 속성이다.

인간은 어떤 상황과 마주하더라도 자신의 욕망과 희망, 기대, 의도에 따라 그 상황을 해석한다. 우리가 마주하는 모든 상황은 우리가 욕망하고 기대하고 의도하고 예측하는 무언가가 결핍된 상태로 이해된다. 앞에서도 말했지만 상황은 그 자체로는 아무것도 결핍되지 않았다. 어떤 상황에서 무언가가 결핍되는 것은 오직 그 상황에 처한 나 자신의 관점에서다. 상황에서 결핍된 것은 곧 나 자신에게 결핍된 것이다. 내 자동차의 타이어 하나가 펑크 났다고 하자. 이 상황에서 타이어가 결핍된 것은 자동차 그 자체가 아니라 나 자신이다. 좀더 적확하게 표현하면 제대로 굴러가는 자동차가 결핍된 것은 '나 자신의 의도'다.

의식은 항상 결핍을 찾아내려 한다. 결핍은 각 의식이 상황에 의미를 부여하기 위한 본질적인 속성이기 때문이다. 이런 까닭에 실존주의 철학자들은 의식이 있는 인간은 완전한 충족에 이를 수 없다고 말한다. 인간은 어떤 상황이라도 자기 입장에서 무언가 결핍된 것으로 해석하기 때문이다. 어떤 사람이 음식을 만들고 있다면 그 음식은 '만드는 과정'이 결핍된 것으로 인식된다. 요리가 다 되어 먹을 때 그 음식은 '먹는 행위'가 결핍된 것으로 인식된다. 영화를 반쯤 본 상태에서 그 영화는 '결말'이 결핍된 것으로 인식된다. 영화가 하도 지루해서 결말이 어떻게 되든 상관없다면 영화를 보는 재미가 결핍된 것이다. 피곤한 상태에서는 잠이 결핍되었다(피곤함은 제대로 못 잔 결과이므로). 푹 자고 일어나 하루를 시작할 의욕이 넘치는 아침에는 그날 계획한 일을 완수하는 것이 결핍되었다. 이런 설명은 끝없이 이어질 수 있을 것이다.

일반적으로 인간에게는 미래가 결핍되었다. 우리는 끊임없이 미래를 향해 나아가고 미래를 통해 현재의 행동에 의미를 부여하며 미래를 넘어 완전한 만족에 도달하기를, 자신과 일치하기를 헛되이 희망하지만 우리에게는 미래가 결핍되었다. 영원한 시간의 행진은 현재 결핍된 미래를 향해, 도달하는 즉시 미래가 결핍된 과거로 흘러갈 미래를 향해 나아갈 뿐이다. 영원한 시간의 행진은 끊임없이 자신의 모습을 속이고, 자신과 일치하지 못하도록 우리를 훼방 놓는 듯 보인다. 그러나 실제로 우리는 이렇게 영원히 앞만 향해 나아가는 시간 속을 행진하는 존재, 결코 자신과 일치할 수 없는 존재다.

이런 진실은 인간 현실을 이야기하는 실존주의적 진실을 통틀어 가장 가혹한 진실일 것이다. 인간은 언제나 무엇인가 결핍된 것, 빈 것, 만족스럽지 못한 것을 경험하며 살아갈 수밖에 없다. 우리는 항상 현재의 문제가 과거의 일이 되기를 기다리고, 미래의 충족을 기대하며 살아갈 수밖에 없는 존재다. 죽음이 마지막으로 남은 충족, 유일한 가능성이 되는 순간까지 그렇게 살아갈 수밖에 없다. 그러나 이는 그리 나쁜 일은 아니며, 원래 그렇게 생겨먹은 일일 뿐이다. 숱한 사람들이 이런 이유로 우울해하지만, 그렇다고 우리까지 우울해할 필요는 없다. 그건 옳지 못한 일이다. 진정한 실존주의자라면 현실이 가혹해도 우울해하지 않는 법이다. 진정한 실존주의자는 이렇게 말할 것이 분명하다. "원래 그렇게 생겨먹은 일인걸. 신경 쓸 필요 없어. 난 그래도 내 인생을, 아무 데로도 향하지 않는 이 가혹한 여정을, 내 '자유'를 최대한 누려볼 작정이야."

실존적 결핍 현상은 '실존적 부재(existential absense)' 현상과 밀접하게 연관된다. 언제나 가장 좋은 사례를 드는 사르트르는 《존재와 무》에서 친구 피에르와 만나기로 약속한 카페에 피에르가 없는 것을 발견한 자신의 경험을 들어 실존적 부재를 설명한다.[7] "피에르를 찾으러 카페에 들어서는 순간, 카페의 모든 대상물은 종합적으로 구성된 배경, 이를 바탕으로 피에르가 나타나야 하는 배경으로 구성된다."[8]

사르트르가 찾기를 기대한 사람으로서 피에르는 실존적으로 부재한다. 이 실존적 부재는 추상적이고 순전히 '형식적인 부재', 개념적인 부재와는 별개의 것이다. "웰링턴은 이 카페에 없다. 폴 발레리도 없다 등등."[9)]

실존적 부재와 형식적 부재의 차이에서 비존재가 의식이 세상과 마주한 다음 내리는 판단을 통해 나타나는 것만이 아니라는 점이 분명하게 드러난다. 오히려 비존재는 의식을 통해 존재하는 동안 이 세상의 속성에 속한다고 할 수 있다. 카페에서 피에르의 부재는 빅토리아 여왕의 부재와 달리 개념으로 그치지 않는다. 피에르의 부재는 그 카페에서 실제 일어난 사건으로, 그 카페에 피에르가 없는 장소라는 특징을 부여한다. 다음번 스타벅스에서 친구를 기다리는 동안 이 점을 곰곰이 생각해보기 바란다. 그러다가 실존주의자들은 왜 항상 카페에서 노닥거리는지 궁금해질지도 모르겠다.

한 인간의 온전한 세계는 부정의 양식, 무언가 욕망하는 것이 존재하지 않는 양식으로 존재할 수도 있다. 없는 누군가, 없는 무언가를 바라는 괴로움의 근원은 이런 세상의 부정성에 있다. 이를테면 심리적으로 마약에서 완전히 손을 떼는 일이 괴로운 이유는 마약의 쾌감을 잃었기 때문이라기보다 온전한 세계가 마약의 부재에 대한 끊임없는 확인 말고는 아무런 의미나 가치도 없는 단조로운 배경으로 축소되기 때문이다. 마약을 끊는 중인 중독자는 마약의 부재 외에는 아무것에도 흥미를 보이거나 자극을 받지 않는다. 중독자는 심지어 마약과 직접적으로 아무런 상관없는 것조차 그것이 마약이 아니라는 단순한 이유를 붙여 마약과 연관해서 생각한다. 중독자의 온전한 세계는 그 사람이 중독된 무엇, 헤로인이든, 니코틴이든, 커피든, 초콜릿이든, 베이스 점핑(건물이나 다리 등 높은 곳에서 낙하산을 타고 내려오는 스포츠 — 옮긴이)이든, 온라인 도박이든 그 무엇이 아닌 것으로 축소된다.

:: 일시성

여러분은 몰랐겠지만 시간 혹은 일시성의 개념은 지금까지 이야기한 내용 곳곳에 여러 번 배경으로 등장했다. 여기에서 현상학자와 실존주의자가 일시성에 대해 뭐라고 말하는지 좀더 자세히 들여다볼 필요가 있다. 시간과 '의식의 일시성(temporality of consciousness)'을 제대로 이해하는 일은 여러 가지 측면에서 인생과 우주와 모든 것을 다루는 실존주의 철학 전체를 이해하는 중요한 열쇠이기 때문이다.

숨을 한번 깊게 쉰 다음 사르트르의 《존재와 무》를 읽는 작업에 착수한다고 하자. 《존재와 무》를 정독하는 일은 머리를 더 혹사한다는 점이 다를 뿐, 철학 세계의 영국해협을 헤엄쳐서 건너는 도전이다. 《존재와 무》를 읽다 보면 다음의 패러독스가 형태만 달리하여 계속 튀어나온다. “의식 존재는 있는 것으로 아니 있으며, 아니 있는 것으로 있는 존재다.” 사르트르는 “인간 현실은 있지 않은 것으로 있고, 있는 것으로 있지 않는 존재로서 구성된다”[10]고 표현한다. 공부 좀 했다는 철학자를 비롯한 수많은 사람들은 미치광이 마을에서 들을 법한 패러독스에 충격을 받고 분개한 나머지 이 두꺼운 책을 집어던지고 다시는 이 책 근처에도 가지 않으려고 한 결과, 이 책에 담긴 온갖 놀라운 통찰에 대해 알 수 있는 기회를 영영 잃어버리고 만다. 세상의 다른 모든 패러독스와 마찬가지로 이 패러독스가 언뜻 말도 안 되는 소리처럼 들리는 것은 분명하다. 세상에 도대체 어떤 것이 그것이 아닌 것으로 있으며, 그것으로 있는 것이 아닐 수 있단 말인가.

우리는 의식은 그 자체로 아무것도 아니며, 어떤 것으로 존재하는 것이 아니라 세계와 관계로 존재한다는 사실을 살펴보았다. 그 결과 우리는 의식이 자신이 아닌 무엇인가와 관계로서 존재한다는 개념, 의식이 빌린 존재로서 존재하기 위해 자신이 아닌 것에 의존하는 존재라는 개념을 이해했다. 하지만 의식의 패러독스에 숨은 뜻을 제대로 파악하기 위해서는 끝없이 이어지는 시간의 흐름을 염두에 두고 생각해보는 것이 최선이다. 시간의 흐름은 우리에게 아주

친숙한 개념이기 때문이다.

의식은 시간의 흐름 속에서 매일매일 낡아가는 사물 존재처럼 시간 '안에' 있는 존재가 아니며, 실존주의자들의 표현에 따르면 '근본적으로 일시적인 존재'다. 일시적인 존재란 의식은 언제나 지나친 과거이자, 아직 도달하지 못한 미래라는 의미다. 의식은 끊임없이 과거를 지나 미래로 나아가면서 순간순간 움직이기 때문에 실제로 의식에는 현재라고 부를 수 있는 순간이 존재하지 않는다. 의식은 여기 현재의 순간에서 다음 현재의 순간으로 뛰어가지 않는다. 의식에게 현재는 시간을 따라 끊임없이 흘러가는 존재로서 의식이 세계에 나타나는 '실재'일 뿐이다. 실존주의에서는 이런 의식의 일시적인 움직임을 '일시적 초월' '일시적 뛰어넘기' '일시적 도피'라고 부른다. 의식은 자신으로 있는 것, 자신으로 있던 것을 끊임없이 초월하고 도피하여 자신이 목표로 삼는 미래로 향한다. 여기에서 일시성의 양념을 덧붙인 사르트르의 패러독스가 다시 한 번 등장한다. 이번에는 좀더 이해하기 쉬웠으면 한다. "의식 존재는 있는 것(의식의 과거)으로 아니 있으며, 아니 있는 것(의식의 미래)으로 있는 존재다." 사르트르는 "현재는 자신이 그것으로 있는 것(과거)으로 있지 않고, 자신이 그것으로 있지 않은 것(미래)으로 있다"[11]고 표현한다.

우리가 잘 아는 시간의 삼차원, 즉 과거와 현재, 미래는 실제로 분리된 것이 아니다. 각 차원은 다른 두 차원과 연결될 때 실재성 혹은 의미가 있다. 지금 한 사람의 과거가 된 것은 한때 그 사람이 바라던 미래다. 금요일에 열심히 계획을 세운 토요일 자전거 나들이는 '아직 일어나지 않는 일'이다. 자전거 나들이를 마치고 집에 돌아오는 순간, 자전거 나들이는 '지난 일'이 된다. 아직 일어나지 않은 일이 지난 일이 되는 과정이 끝없이 이어지기 때문에 사르트르는 좀더 정확하게 표현하기 위해 과거를 '지난-미래(past-future)'라고 불러야 한다고 주장한다. 지금 나의 과거는 한때 나의 미래였기 때문이다. 마찬가지로 미래에 일어날 일이 '지난' 다음에 과거의 일부가 되는 것은 자명한 사실이다. 그러므로 미래 또한 '일어날-과거(future-past)'라고 부르는 편이 좀더 정확할 것이다.

우리는 현재가 고정된 순간이 아니라는 사실을 살펴보았다. 의식에는 고정된 순간이 존재하지 않는다. 현재는 끊임없이 과거를 초월하여 미래로 나아가는 존재로서 의식이 세계에 나타나는 실재에 불과하다. 다르게 표현하면 의식은 결코 현재에 있지 않다. 의식은 끊임없이 미래를 향해 나아가는 존재로서 현재에 있을(실재할) 뿐이다. 의식은 움직이는 물체와 마찬가지로 결코 '여기' 혹은 '거기'에 존재하지 않는다. 의식이 순간에 고정될 수 있다고 생각하는 것은 시간을 얼릴 수 있다고 생각하는 것과 같다. 의식은 언제나 과거에 있던 곳에는 있지 않으며, 미래에 있을 곳에도 아직 있지 않다.

현상학자와 실존주의 철학자들이 하는 이야기 중에 실로 경악스러운 주장이 있다. 시간은 의식 없이 존재하지 않는 다는 주장이다. 시간을 이 세계에 출현시키는 것은 바로 의식이며, 이 세계에 시간의 속성을 부여하는 것 또한 의식이다. 컵을 깨뜨렸다고 하자. 거기에는 컵이 깨지기 전과 똑같은 물질이 존재하지만, 컵 자체는 사라지고 없다. 깨진 컵의 파편 자체는 컵이 '있었다'고 기억하지 않는다. 컵이 있었다는 사실을 기억할 수 있는 것은 의식뿐이다. 과거의 컵은 오직 의식을 통해서 존재한다. 파편이 컵처럼 생긴 과거를 지니는 것은 오직 의식에 대해서다. 오직 의식에 대해서 무언가가 무언가로 '있었다'고 한다면 무언가가 과거를 지니는 것 또한 의식에 대해서일 것이며, 무언가가 진정으로 파괴될 수 있는 것도 의식에 대해서일 것이다. 미래에도 똑같은 논리가 적용된다. 타오르는 불은 자신의 미래가 한 줌의 재라는 사실을 알지 못하며, 타오르는 불꽃의 미래가 한 줌의 재라는 사실을 알 수 있는 것은 의식뿐이다. 그러므로 타오르는 불이 지닌 재 한 줌의 미래는 오직 의식에 대해서 존재한다고 할 수 있다.

물론 의식을 떠나서는 시간이 존재하지 않는다고 해서 의식을 떠나서는 이 세계에 어떤 생성 과정도 존재하지 않는다고 말할 수는 없다. 의식 없이는 아무것도 존재하거나 존재하지 않을 수 없다고, 아무것도 나타나거나 사라지지 않는다고 말하면 너무 심한 비약일 것이다. 여기에서 주장하는 점은 단지 의식을 떠나서는 존재로 나타나고, 자라고, 부패하고, 파괴되는 과정에 대한 인식이 존재하지 않는다는 것이다. 어떤 현재를 위해서도 과거나 미래의 개념이 존재하지 않는다는 뜻이다.

다시 한 번 도토리 이야기로 돌아가자. 도토리는 아까 우리가 도토리 이야기를 할 때보다 그리 많이 자라지 않았으며, 아직도 도토리라는 이름으로 규정될 수 있다. 도토리는 누가 도토리를 의식하거나 말거나 도토리 자체로 있으면서 동시에 떡갈나무가 되는 과정에 있다. 하지만 떡갈나무가 되는 과정에 있다고 해서 도토리가 떡갈나무가 되기를 '목표로 삼는' 것은 아니다. 내가 아주 잘못 알고 있는 게 아니라면, 동화에서 일어나는 일이 현실에서도 일어나는 것이 아니라면 어린 도토리는 어머니 대지의 품에 안겨 땅속에 묻힌 채 "작은 도토리야, 힘을 내. 열심히 해야 해. 옹이투성이인 우리 늙은 엄마처럼 키가 크고 육중한 떡갈나무로 자라야 해"라고 다짐하지 않는다. 도토리는 미래의 목표를 향해서 기투(project : 현재를 초월하여 미래로 자기를 내던지는 실존의 존재 양식. 사르트르와 하이데거의 개념으로, 현실 세계에서 항상 자기 자신을 창조하면서 그 가능성을 전개해나가는 존재 양식을 말한다.—옮긴이) 하지 않으며 자신을 떡갈나무로서, 현재 자신에게 결핍된 무언가로 인식하게 만드는 어떤 '미래화된 의도'도 품지 않았다. 떡갈나무가 되는 일은 도토리의 '기투'가 아니며, 확실히 의식적인 기투도 아니다. 도토리에게 미래가 없다는 말은 옳다. 도토리는 아직 떡갈나무가 아니지만, 미래에 떡갈나무가 될 것이라는 사실을 아는 의식을 통하지 않고는 도토리에게 미래가 없기 때문이다.

이런 논리로 따지면 의식을 떠나서는 시간이 존재할 수 없다는 주장은 처음 들었을 때만큼 미친 소리 같지 않다. 이런 논리를 적용할 때 의식을 떠나서 시간이 존재할 수 없다는 주장은 의식을 떠나서는 아무 일도 일어나지 않는다는 주장과 같다고 할 수 없다. 오히려 의식을 떠나서 세상은 있는 그대로, '지난'이나 '아직 일어나지 않은' 일 없이 그 자체로 존재한다는 뜻이다.

시간을 둘러싼 이 모든 이야기에서 우리는 인간이 이 세계에 존재한다는 것이 어떤 일인지에 대한 답을 찾을 수 있다. 거북스럽지만 결코 피할 수 없는 인간 현실에 대한 답이다. 우리는 왜 항상 얼마간 불만을 느끼며 살아가는가, 왜 항상 무언가 결핍되었다고 느끼는가? 우리는 그 답을 알 수 있다. 항상 무언가가 '결핍되었기' 때문이다. 바로 미래다. 미래는 결코 우리를 완전하게 만족시킬 수 없다. 우리가 미래의 목적을 달성하는 즉시 미래는 과거의 일부, 지난

-미래가 되기 때문이다. 우리는 지난-미래를 딛고 다시 한 번 새로운 미래를 향해, 일어날-과거를 향해 자신을 쏘아 올려야 한다.

실존주의에서는 자신과 일치하기를 욕망하는 것, 자신으로 존재하기 위해 노력하는 대신 자신으로 '존재하기'를 욕망하는 것, 완전한 성취라는 미래 혹은 아무것도 결핍되지 않은 미래에 도달하기를 욕망하는 것은 존재의 근원적인 속성이라고 주장한다. 하지만 이렇게 완전한 자기만족에 도달할 수 있는 사람은 존재하지 않는다. 우리는 결코 미래에 도달할 수 없기 때문이다. 내일 모든 술집에서 맥주를 무료로 나눠줄지도 모르지만, 철학과 담쌓고 살아온 사람이라도 내일은 결코 오지 않는다는 사실을 안다. 내일은 결코 오지 않고, 어제는 기억일 뿐이다. 어제 한 일의 결과가 우리를 괴롭힐 수는 있어도 어제가 기억이라는 사실은 변하지 않는다.

이 모든 이야기를 듣고 우리는 비탄과 절망에 빠져야 하는가? 실존주의에서는 아니다, 그래서는 안 된다고 분연히 단언한다. 실존주의에 따르면 이는 원래 그렇게 생겨먹은 일이다. 그리고 이런 존재 양식은 우리가 의식 존재로서 존재하기 위해 지불해야 하는 대가다. 결국 우리는 시간의 한계가 아니고는, 브레이크가 고장 난 트럭처럼 시간 속을 쏜살같이 달려가지 않고는 의식을 지닐 수 없기 때문이다. 의식은 일시적인 존재 이상으로 상상하기 힘들다. 실제로 내가 여러 번 암시했듯이 시간과 의식은 거의 같은 것이라고 할 수 있다.

실존주의에서는 사는 건 원래 그런 것이라는 사실을 용기 있게 인정하고 인생을 최대한 살아가라고 이야기한다. 실존주의에서는 아늑하고 편안하지만 이리저리 움직이는 모래 같은 환상이 아닌, 냉혹하고 불편하지만 단단한 진실의 토대 위에 인생을 지으라고 권한다. 모순처럼 들릴 수 있지만 실존주의에서는 끊임없이 미래를 향해 날아가는 의식의 일시성이 의미하는 바를 인정하면 우리가 한층 더 행복하고 만족스럽게 살 수 있으리라고 이야기한다. 완전한 만족을 누리고 사는 일이 인간 현실에서는 용납되지 않는 일이라는 사실을 인정하라는 말이다. 우리가 인간 현실에 대한 이 진실을 진심으로 인정하고 마음 깊이 새긴다면 완전한 만족과 절대적인 행복에 대한 욕심을 접을 수 있을 것이다. 혹은 완전한 만족과 절대적인 행복에 도달하지 못한다 해도 인생에 실망하는 빈도와 정도가 줄어들 것이며, 인생을 훨씬 더 차분하고 철학적으로 생각할 수 있을 것이다. 우리는 실존주의에서 말하는 방법을 적용하여 어느 정도 불만족을 피할 수 없다는 사실을 받아들임으로써 일종의 금욕적인 만족감을 맛볼 수 있다.

의식은 본질적으로 일시적인 존재라는 이론에서 우리가

도출할 수 있는 가장 중요한 결론은 의식이 자유롭다는 것이다. 의식은 본질적으로 일시적이기 때문에 자유롭다. 어째서 그렇게 되는지는 나중에 자유와 책임에 대해 이야기할 차례가 되면 자세히 설명하기로 하고, 여기에서는 우리가 현재에 고정되지 않았기 때문에 자유롭다는 핵심만 기억하자. 일시적인 존재만 자유로울 수 있다. 자유롭다는 것은 가능성이 있다는 것, '미래에' 진정한 의미에서 대안이 있다는 뜻이기 때문이다. 우리는 자기 미래의 가능성이며, 우리가 자유롭다는 것은 미래를 향하여 자유롭다는 의미다. 자유에 대해서는 나중에 자세히 살펴보자.

우리는 인간 현실에 대한 또 다른 영원불변한 실존주의 진실을 살펴봐야 한다. 그건 타인의 존재다. 좀더 정확하게 말하면 보부아르와 사르트르를 비롯한 실존주의 철학자들이 말하는 '대타존재'에 대해 자세히 탐구해볼 필요가 있다.

:: 대타존재

인간은 사르트르와 그 친구들이 '대자존재'라 부르는 존재다. 인간은 세계를 의식할 뿐만 아니라 세상을 의식하는 존재로서 자신을 의식한다. 이 자의식 혹은 자기반성은 인간존재를 정의하는 특징이다. 원숭이와 돌고래, (소름 끼치게도) 문어류만 이에 필적하는 무언가를 갖고 있을 뿐이다. 각 인간존재는 독자적인 존재다. 자신에 대해 얼마간 착각할 수는 있겠지만 인간은 자신을 잘 안다고 느끼며, 자신을 판단하는 척도이자 자기 생각과 행동을 판결하는 재판관이며 배심원이라고 생각한다. 인간은 자신을 자유로운 존재로서 순간순간 스스로 선택한 일, 스스로 선택한 길을 통해 자신을 창조하는 존재로서 체험한다. 인간은 거의 신과 같은 방식으로 세계를 초월한다. 세상이 그 사람만을 위해 존재하는 양, 그 사람 생각에 따라 좌지우지되는 양, 그 사람만 활개 칠 수 있는 앞마당인 양 보인다. 대자존재에 대한 설명은 이걸로 충분하다. 대자존재는 그림의 절반에 불과하다.

인간은 좀처럼, 혹은 한순간도 진정한 의미에서 홀로 존재하지 않는다. 세계 인구가 통제에서 벗어나 급상승 곡선을 그리며 어딜 가나 사람으로 득시글거리는 요즘 같은 시대에는 더더욱 그렇다. 인간은 끊임없이 다른 사람의 존재와 마주하게 마련이다. 그런데 이 다른 사람의 존재는 나의 세계에서 단순한 '객체'에 머무르는 것이 아니라, 나를 보고 판단하고 그 자신의 세계에서 나를 객체로 격하하는 '주체'로서 존재한다. 타자의 세계에서 객체로 격하되는 것, 타자를 위해 존재하는 것, 타자에 의해 격하될 위험 속에 존재하는 것이 '대타존재'의 의미다.

말이 난 김에 덧붙이면 '타자'는 나 말고 다른 이를 지칭하는 번드르르한 실존주의 용어다. 타자라는 용어는 특히 나를 보고 내 존재를 인식하고 나를 판단하여 내 분수를 깨닫게 해주는 사람을 지칭할 때 사용된다. 그런데 '타자'라는 말은 괜히 허세를 부리는 느낌을 준다. 시내에 나갔다 돌아오면서 "여보, 다녀왔어. 쇼핑하는 동안 수많은 '타자'와 마주쳤지 뭐야"라고 말하는 사람은 없다. 하지만 공정하게 말해서 타자라는 용어를 사용하면 대타존재를 둘러싼 여러 현상은 물론, 이 사람과 저 사람이 가게나 공원, 산 혹은 어디에서고 마주칠 때 일어나는 객체와 주체의 복합적인 상호작용의 다양한 측면을 설명하기가 훨씬 쉬워진다.

대타존재가 무엇인지 좀더 잘 이해하기 위해, 타자가 등장할 때 나타나는 이 모든 객체니 주체니 하는 것들을 좀더 잘 이해하기 위해 다음의 예를 살펴보자.

존이라는 남자가 홀로 산속을 걷고 있다. 물이 세차게 흐르는 아름다운 계곡을 따라 산 아래로 내려가는 길이다. 신선한 공기를 마음껏 들이마시고 눈을 사로잡는 아름다운 풍광을 홀로 감상하다 보니 이 모든 것이 자기 것이라는 기분이 든다. 존은 이 산과 바위, 강과 호수, 나무 한 그루, 꽃 한 송이, 풀잎 하나까지 모든 것을 주재하는 신과 같은 주체로서 존재한다. 존은 자신이 세상의 중심이라고, 이 모든 것이 오로지 자신을 위해 준비되었다고, 이 세계가 자신의 관점에서 존재한다고 생각한다. 그러나 머리보다 높게 치솟은 바위를 돌아 내려가는 순간, 존은 저 멀리에서 계곡을 따라 자신이 있는 곳으로 다가오는 낯선 사람을 발견한다. 존은 깊은 초조감과 실망감에 사로잡혀 바로 이것이 그 무서운 타자라는 사실을 깨닫는다. 타자가 미처 존을 발견하지 못한 상황에서도 타자가 등장한 것만으로 존의 상황은 일변한다. 타자가 등장함에 따라 존의 관점에서 존재하는 세계에 금이 가기 시작한다. 존이 마음대로 판단하고 평가하던 그 완전하고 광대한 상황에 새로운 평가자, 새로운 가치 부여자가 등장한 셈이다. 이 새로운 평가와 가치는 존의 것과 다르며, 존의 손을 떠나 존재하는 것이다. 존은 세계의 중심이었지만 타자의 존재가 등장한 지금 존의 중앙집권은 해체되었다. 세계는 타자를 향해 재편성되었으며, 존이 모르는 의미들이 타자가 있는 곳으로 흘러 들어간다.

사르트르가 허세를 부리며 표현하는 대로 이 '타자'는 존의 세계를 빨아들이는 '배수구'다. 존은 타자가 등장한 것만으로 신 놀이를 그만둘 수밖에 없다. 존은 이제 세계의 중심, 눈에 들어오는 모든 것의 유일한 재판관이 아니다. 그곳에 또 다른 평가자가 모습을 드러내고, 존의 세계를 훔쳐 갔기 때문이다. 존은 타자가 등장함과 동시에 마치 신과 같던 혁혁한 초월성을 빼앗긴다. 산속에서 혼자 고독을 즐길 때 다른 사람을 만나면 사람이 붐비는 거리에 있을 때보다 훨씬 혼잡한 기분이 드는 법이다.

타자는 아직 존을 보지 못했다. 존의 세계를 빨아들이는 배수구, 존의 중앙집권을 무너뜨리는 커다란 위협이지만, 존의 세계에서 타자는 아직 객체에 머물러 있다. 하지만 타자가 계곡을 따라 올라오고 있으므로 존이 타자에게 목격되고, 타자의 세계에서 객체로 전락하는 것은 시간문제다. 타자는 점점 가까이 다가오고, 마침내 존을 발견한다. 자신이 타자의 시선에 노출되었다는 사실을 의식한 존은 객체로서 자신을 불편한 마음으로 자각하고, 자신의 옷차림과 매무새, 걸음걸이, 얼굴에 떠오른 표정을 의식한다. 타자와 가까워지면서 존은 바지 앞섶이 제대로 채워졌는지 확인하고, 얼굴에 싱거운 미소를 띠고는 어색하게 별 뜻 없는 안부를 묻고 날씨에 대해 흔해빠진 인사를 건넬 준비를 한다. 도시에서 멀리 떨어진 외딴곳에서 낯선 사람을 만나면 내키지 않아도 해야 한다고 여겨지는 별 뜻 없는 대화다. 타자 역시 같은 행동을 한다.

타자와 지나친 뒤 존은 안도의 숨을 내쉰다. 객체로서 자신을 자각하는 일도 조금 편해진다. 타자의 시선에서 풀려난 존은 긴장을 풀고 다시 자연을 지배하기 시작한다. 이윽고 타자가 큰 바위를 돌아 모습을 감추자, 세계는 다시 존의 왕국이 된다.

인간은 물리적인 의미에서 완전히 혼자일 때조차 반경 몇 킬로미터에 가게 하나, 다른 사람 하나 없다고 해도 자신의 생각 속에서는 완전히 혼자가 될 수 없다. 유난히 편집증적인 사람이 아니라도 다른 사람이 자신을 어떻게 판단하는지—그 판단이 실제의 것이든 상상 속의 것이든—신경을 쓰는 것이 당연하기 때문이다. 내가 회의 때 눈치 없이 한 말에 대해, 회식 자리에서 벌인 바보스러운 짓에 대해 다른 사람이 어떻게 생각할지 걱정할 수밖에 없다. 우리는 어찌 된 일인지 다른 사람이 나의 일부를 쥐고 있으며, 나를 가두고 나보다 우위에 있다는 생각을 떨쳐내지 못하고 곤혹스러워한다. 타자는 나를 내가 아닌 무언가, 내가 인정하거나 책임지고 싶지 않은 무언가로 바꿔놓는다. 타인은 내 의지에 반하여, 내 자유와 초월에 반하여 내가 나 자신을 위한 존재보다 그들을 위한 존재가 '되기'를 강요한다.

대타존재는 사르트르의 문학작품 전체를 관통하는 중심 주제로, 특히 사르트르의 소설 《The Age of Reason》(사르트르의 4부작 장편 《Roads to Freedom[자유의 길]》의 1부—옮긴이)에서 중점적으로 다뤄진다. 《The Age of Reason》에 등장하는 인물은 정도의 차이는 있지만 대부분 다른 사람의 의견에 매여 벗어나지 못하는 것에 괴로워한다. 냉소적인 철학 교수 마튀외 들라뤼는 연인 마르셀의 집에서 마르셀이 자신의 아이를 임신했다는 말을 듣고 나오는 길에 마르셀의 생각에 노예처럼 사로잡혔다는 기분을 떨치지 못하고 괴로워한다. "그는 못 박힌 듯 걸음을 멈추었다. 그건 진실이 아니었다.

그는 혼자가 아니었다. 마르셀은 그를 놓아주지 않았다. 마르셀은 그를 생각하고 있었으며, 마르셀이 생각하는 것은 이런 것이었다. '이 비열한 개새끼, 나를 배신했어.' 아무도 없는 어두운 밤거리를 옷으로 몸을 감싸고 익명인 채 홀로 서성여봐야 아무 소용없는 짓이었다. 그는 그녀에게서 벗어날 수 없었다."[12)]

인간은 모두 수치심과 당혹감, 굴욕감 속에서, 때로는 자부심 속에서 자신의 대타존재를 경험한다. 실존주의 철학자들은 나쁜 일만 예언하기 좋아하는 상인처럼 대타존재에 긍정적인 면도 있다는 사실을 마지못해 인정한다. 수치심, 당혹감, 굴욕감, 자부심, 존엄성은 모두 우리를 원숙하게 하는 요소다. 이런 감정은 본질적으로 '타자와 관련된' 면모다. 이들은 나 자신이기도 하지만, '저 바깥에서' 타자를 위해 존재한다. 물론 사르트르가 《존재와 무》에서 "수치심의 종교적 실천"[13)]이라고 표현하는 수치심, 신 앞에서 혹은 돌아가신 할머니의 모든 것을 꿰뚫어 보는 눈앞에서 드는 수치심도 있지만, 이는 모두 수치심의 2차적인 형태에 불과하다. 수치심은 본질적으로 다른 사람 앞에서 드는 감정이다. 완전히 혼자인 상태에서 수치심이나 자부심을 느끼는 사람은 없다.

인간은 자기 자신의 대타존재 — 수치심이나 자부심 — 이자, 저 바깥에서 타자를 위해 존재하는 대타존재다. 타자는 나의 존재 일부를 소유하며 나를 판단할 자유가 있다. 나를 존경하거나 존중하거나 경멸하는 것은 모두 타자의 자유다. 다른 사람에게 자기 존재의 일부가 속해 있다는 것, 그럼에도 자신이 그 일부에 책임을 져야 한다는 사실에 우리는 불편함을 느낀다. 대다수 인간은 자신의 대타존재에 조금이라도 영향을 미치기 위해, 심지어 자신의 대타존재를 완전히 지배하기 위해 안간힘을 쓰며 살아간다. 우리는 다른 사람에게 깊은 인상을 주고 싶어 하며, 다른 사람의 사랑과 존중과 두려움을 얻기 위해 웬만한 일은 서슴없이 해치운다. 우리는 만족한다고 자부하고 '개인적인' 목표를 세웠다고 떠들면서 정작 소리 높여 외칠 뿐이다. "나를 좀 봐줘! 나는 정말 아름다워, 정말 똑똑해, 참으로 부지런해, 참으로 멋지기도 하지. 나는 존재해, 나는 존재한다고! 당신보다 못할지 모르지만 내 나름의 방식으로 나는 당신보다 못할 것이 하나 없어!" 능력과 의지가 있는 이들은 다른 사람에게 인정받기 위해 의사 자격증을 취득하거나 올림픽에 나가 금메달을 딴다. 그보다 재능이 부족한 이들은 저글링하는 법을 익히거나 문신을 하거나 신호등에서 공회전 하는 일로 남의 인정을 구하려고 한다. 위대한 철학자와 종교 지도자들은 수세기에 걸쳐 이렇게 말해왔다. "모든 것이 허영에서 비롯되나니."

허영이 아니라면 버진그룹 회장 리처드 브랜슨(Richard

Branson)은 왜 혼자 조용히 열기구를 타고 세계를 여행하지 않는가? 왜 꼭 무슨 일을 할 때마다 자기 말에 귀 기울이는 사람이면 아무나 붙잡고 큰소리로 떠들어대야 직성이 풀리는가? 광고를 해서 돈을 긁어모을 필요도 없으면서 왜 그렇게 자기광고를 해대는가? 덧붙여 아주 냉소적인 관점에서 본다면 자선을 한답시고 갖은 묘기를 부려대는 현대의 강박 뒤에는 대부분 허영심이라는 동기가 존재한다. 사람들은 자선 행위를 통해 속이 빤한 박애주의와 거짓 겸손의 탈을 쓰고 과시하거나 자기가 한 일을 선전할 기회를 잡는다. 그들이 한 일이란 대개 닭이나 호머 심슨처럼 분장하고 마라톤을 완주하는 능력만 있으면 할 수 있는 일이다.

여기에서 나는 이 책을 집필한 동기에 대해 해명할 필요를 느낀다. 나는 실존주의자가 되는 법에 대한 지식을 전파하는, 일종의 지적인 의무를 수행한다고 할 수 있다. 그렇기는 하나 이 책을 통해 나는 책을 한 권 더 집필할 능력을 과시할 수도 있다. 혹시 아는가, 닭처럼 차려입고 책을 쓰는지. 나는 책을 쓰는 능력을 과시하면서 나처럼 책을 많이 쓰지 못한 다른 이들에게, 특히 예전에 나한테 못되게 군 나쁜 녀석들에게 본때를 보여줄 수 있다. 그러나 실존주의자가 되는 법에 대한 책을 쓰는 작가는 대개 토요일 밤 TV 토크쇼에는 출연하지 않는 법이므로 유명해지기는 그른 듯싶다. 나는 표지에 이름이 적혔을 뿐, 이름 없는 작가로 남을 것이다. 게다가 나와 같은 이름을 쓰는 작가도 벌써 몇 사람이나 있다. 어쩌면 나를 과시하기 위한 다른 방법을 선택하는 것이 옳았는지 모른다. 그러나 달리 어떤 일을 할 능력이 부족한 걸 어쩌겠는가. 나는 '책을 쓸 능력이 부족한지도 모른다'고 덧붙이고 싶었다. 하지만 이는 거짓 겸손과 은밀한 허영심을 더하는 짓이 될 테니 그만두자.

겸손과 사양이 관심을 끌기 위한 아주 교묘한 수법에 불과하다고 생각해본 적이 있는가? 우리 주위에서 아주 작은 목소리로 말하는 그 짜증 나는 사람들이 하는 것처럼 말이다. 그들은 자신이 너무나 중요하다고 생각한 나머지 주옥 같은 지혜의 말씀을 속삭이듯이 말해줄 뿐이다. 그 사람이 하는 말을 듣기 위해서는 주위에 있는 사람들이 몸을 가까이 기울이고 귀를 쫑긋 세워야 한다.

어린 시절 내가 다니던 학교에 레이 그로브즈라는 아이가 있었다. 레이는 제대로 말할 줄 알면서도 다른 사람 앞에서는 절대 입을 열지 않았다. 레이가 말하는 상대는 가족뿐이라고 사람들이 말했다. 공정하게 말해 레이가 자신의 원칙에 굉장히 충실했다는 점은 인정해줘야 할 것이다. 선생님은 으레 학생들에게 조용히 하라고 소리를 지른다. 하지만 내가 몇 년 동안 관찰한 바에 따르면, 선생님들은 레이에게 제발 말 좀 하라고 소리를 질렀다. 그 고집스러움에 감탄하면서도 나는 레이가 수줍거나 겸손해서, 감수성이 예민해서 입을 열지 않는 거라고 생각하지 않았다. 나는 레이가 완전히 자기중심적이며 은근히 오만한 아이라고 생각했다. 물론 중학생 때 자기중심적이니 오만이니 하는 표현을 제대로 알지 못했지만, 이런 표현은 내가 레이에게 품었던 생각을 정확하게 잡아낸다. 레이는 다른 사람의 말을 수집하면서도 자신은 아무 말도 내어놓으려 하지 않았다. 사람들은 레이에게 말 걸고 싶어 했고, 레이가 입을 열면 무언가 흥미로운 말이 튀어나오리라 기대했다. 반대로 레이가 말을 했다면 사람들은 레이가 귀담아들을 만한 말 한마디 할 줄 모르는 지루한 녀석이라는 사실을 금세 알아차렸을 것이다.

대부분 그렇겠지만 나에게도 다른 사람을 원망하는 마음이 가득하다. 심지어 한때 날카롭고 새된 목소리가 부끄러워 절대 말하지 않으려 했다는 어린아이에게조차 원망하는 마음을 품고 있다. 내가 레이 그로브즈를 원망하는 이유는 내 노력에도 불구하고 레이가 나를 상대해줄 가치가 없다고 판단했기 때문이다. 원망하는 마음은 대타존재, 타자가 손쉽게 우리의 날개를 자르고 자존심에 상처를 줄 수 있다는 사실에서 불거지는 특징이자 그에 대한 반응이다.

우리는 아무리 노력해도 다른 사람이 우리가 바라는 인상을 받을지 결코 확신할 수 없다. 다른 사람이 나를 내가 바라는 대로 판단하지 않고 자기 마음대로 판단하는지 아무리 노력해도 알 길이 없다. 앞에서 보았듯 나는 비교적 훌륭한 인물, 자선기금을 모금하며 조용히 말하는 사람들, 전혀 입을 열지 않는 사람들에게 내 마음대로 반감을 이끌어낼 수 있다. 우리는 다른 사람이 자신에 대해 좋은 인상을 품었다고 제법 확신하는 순간조차, 사랑이나 존중 혹은 두려움의 감정을 이끌어냈다고 확신하는 순간조차 그 좋은 인상과 호의적인 마음이 지속되리라고 확신할 수 없다. 우리의 자유는 타자의 자유, 타자의 초월에 종속된다. 우리는 오직 타자의 단순한 시선으로 타자의 세계에서 객체로 전락한다. 우리는 타자의 객체로서 타자의 초월에 의해 '초월당한 초월(transcendence-transcended)'이다. 우리는 독립적이며 자유로운 주체로 존재하기를 중단하고, 자유를 잃은 타자의 객체로서 존재한다.

초월적 주체에서 초월당한 객체로 전환을 좀더 잘 이해하기 위해 포르노를 보는 남자의 사례를 살펴보자. 그 남자는 포르노를 보는 행위를 들키기 전에 자유로운 세계-내-존재(being-in-the-world), 초월로 존재한다. 그는 자신이 하는 행동에 몰두한 주체로 존재하며, 자기 행동을 판단하지 않는다. 그는 자유롭게 자신이 하는 행동의 의미를 초월하며, 자신을 변태라고 규정할 필요를 느끼지 않는다. 그는 나중에 자기 행동을 돌아본다 해도 그 행동이 단순한 탈선이나 그와 비슷한 일이라고, 자신의 인품이나 도덕성과 전혀 무관한 기분 전환에 불과하다면서 스스로 변태라는 낙인을 찍지 않고 넘어갈 수 있다. 그런데 갑자기 그는 누군가 자기 행동을 엿보고 있다는 사실을 알아챈다. 그는 일순간 자신이 보던 벌거벗은 모델보다 노출된 채 보인다. 그의 정체가 타자에게 폭로되면서 그 자신에게도 폭로된다. 그 자신에게 별 의미가 없던 행동은 순식간에 그를 탈출하여 타자를 위한 의미를 획득한다. 그의 행동은 이제 타자에게 속하며, 타자에 의해 그는 외설적인 객체로 전락한다. 타자는 그가 포르노를 보는 현장을 목격하면서 그의 자유를 손에 넣고, 그를 관음증 환자라든가 변태라든가 추잡한 아저씨라든가 사진 감정사라든가 자기 마음대로 판단하고 의미를 부여할 자유를 손에 넣는다.

대타존재에 대해 반드시 유념해야 할 점이 있다. 한 인간은 타자에 대한 타자, 타자의 초월을 초월함으로써 타자의 자유를 빼앗을 수 있는 타자라는 점이다. 논쟁의 소지가 있지만 실존주의 철학자들은 대개 인간관계를 우위와 초월을 다투는 끝없는 권력 다툼으로 여기며, 모든 인간관계의 기반을 '투쟁'이라고 주장한다. 사르트르는 염세적인 희곡《닫힌 방(In Camera)》에서 자신의 통제를 넘어서는 대타존재를 갖는 데서 비롯되는 고통과 이런 인간관계의 투쟁에 대해 명쾌하고 철저하게 탐구한다. 음울하고 폐쇄적인 이 희곡은 자기중심적이고 비열한 세 인물이 한방에 영원히 갇힌 상황을 정교하게 그린 작품이다. 마치 지적인 대화가 첨가

된 〈빅 브라더(Big Brother)〉(폐쇄된 집에 참가자들을 가두고 카메라로 사람들의 행동을 관찰하는 리얼리티 TV 프로그램 — 옮긴이) 같은 느낌이다. 《닫힌 방》에 등장하는 중심인물 가르생은 그 유명한 말을 외친다. "빨갛게 달군 부지깽이 따위는 필요 없어. 타인이 곧 지옥이야!"[14)]

몇몇 비평가들은 모든 인간관계는 투쟁이며 타인은 지옥이라는 대다수 실존주의 철학자의 주장을 일축한다. 이런 주장이 면밀하게 따져볼 때 성립하지 않는 개략적인 일반화에 불과하다고 생각하기 때문이다. 이런 비평가들은 보부아르나 카뮈, 사르트르 같은 실존주의 철학자들이 자신의 불행한 개인사에 지나치게 의존한다고 말한다. 이들이 가장 좋은 시절에 2차 세계대전을 겪고, 파리에서 서로 비판하는 데 혈안이 된 지식인 무리와 어울렸기 때문에 모든 사람은 평생 동안 상대를 끌어내리기 위해 안달하며 불화 속에 살아간다는 결론을 내렸다는 것이다. 물론 인간이 심하게 다투면서 살아가는 것은 분명하다. 2차 세계대전의 공포 속에 살았다면 누구든 투쟁이 보편적이라는 결론을 내릴 법도 하다. 그럼에도 불구하고 실존주의 철학자들이 극적인 효과를 위해 인간 행동의 한 측면만 지나치게 강조한다는 주장은 온당해 보인다. 실존주의 철학자들은 사르트르가 말하는 '시선(the look)'을 무조건 위협적이라 주장하면서 이에 반하는 특정 상황들이 보여주는 근거를 무시한다. 이를테면 어머니와 아이가 주고받는 사랑이 담긴 시선, 보호하고 보호 받는 시선도 존재한다. 굳이 진실을 따져보면 타인은 어느 때는 지옥이 되기도 하고, 어느 때는 천국이 되기도 하는 듯싶다.

이야기의 공정성을 유지하기 위해 실존주의 철학자들도 '공존재(Mitsein)'라는 개념을 통해 다툼 없이 함께 존재하는 인간의 능력을 어느 정도 인정한다는 점을 짚고 넘어가야 한다. 공존재는 독일어로 '함께 존재한다'는 뜻이다. 프랑스 실존주의 철학자들은 독일 실존주의 철학자 하이데거를 따라 '타인과 공존하는' 현상, 즉 '우리'라는 현상을 이야기할 때 '공존재'라는 용어를 사용한다. 사람은 '우리'의 분위기가 우세한 경우 다른 사람에게 초월당하지 않으며, 다른 사람을 초월하려고 애쓰지도 않는다. 그보다 그 사람의 자아는 어떤 집단 경험이나 집단 참여에 의해 초월당한다. 그런 경험이나 참여 안에서 그 사람은 '우리' 안으로 가라앉는다.

그러나 이렇게 '우리' 안으로 가라앉는 현상은 대개 공동의 적 혹은 증오의 대상으로서 '그들'과 투쟁을 통해 유지되게 마련이다. 개인의 다툼이 집단의 다툼으로 승격된 셈이다. 하이데거 또한 히틀러의 국가사회주의독일노동자당에서 당원으로 활동하며 공존재를 직접 체험했다. 그러나 '우리'가 유지되기 위해 꼭 '그들'이 필요한 것은 아니다. 일례로 한 집단은 기본적으로 경쟁자를 물리치고 이기는 일 말고도 공통의 목표를 설정해두고 그것을 이루기 위해서 함께 일할 수 있다. 이를테면 종교나 음악, 춤, 마약을 통해 혹은 이 모든 것의 조합을 통해 하나가 된 집단은 상승효과가 극대화되어 집단적으로 이기심을 상실하는 상태에 이를 수도 있다. 이런 것을 진정한 천국이라 한다.

:: 자유와 책임

윌리엄 월리스(William Wallace)의 생애를 그린 영화 〈브레이브하트(Braveheart)〉는 역사적으로 정확하지 않을지 모르지만 훌륭한 작품이다. 이 영화에 등장한 멜 깁슨(Mel Gibson)처럼 실존주의 철학자들은 언제나 자유에 대해 소리 높여 이야기한다. 비록 영국의 압제 아래 스코틀랜드 독립 운동을 이끌면서(혹은 독일군의 압제 아래 프랑스 독립 운동을 이끌면서) 목이 매달리거나 내장이 끄집어내지거나 능지처참을 당하지는 않았지만, 실존주의 철학자들 또한 인간의 자유가 무엇보다 중요하다고 생각한다. 멜 깁슨이 연기한 윌리엄 월리스는 도저히 지배받고는 살 수 없는 자유의 투사다. 특히 쓰레기 같은 영국인이 아름다운 조국 스코틀랜드를 점령한 것도 모자라, 아내의 목을 베어버린 이후 더 강인한 투사가 되었다. 월리스는 운명이 몇 가지 특권을 허락해줄 때만 자유로운 것이 아니라(운명이 항상 그런 특권을 허락해줄 리도 없지만), 자신이 처한 상황과 상관없이 근본적으로 자유롭다는 실존주의적 진실을 깨닫는다. 누가 자신을 노예로 삼으려고 어떤 노력을 기울인다 해도 자신의 자유를 박탈할 수 없다는 진실이다. 월리스는 진정한 실존주의자처럼 무엇을 하든 그것은 자신이 선택한 일이며, 자기 행동에 항상 책임져야 한다는 사실을 깨닫는다. 덧붙여 월리스는 진정한 실존주의자와 마찬가지로 자신의 자유를 긍정하고 행사하기를 주장한다. 월리스는 영국의 압제자들이 바라는 대로 노예의 삶을 선택하지 않고, 자신의 자유를 얽어매기 위한 목적으로 사용하기를 거부하면서 그 값으로 목숨을 내놓는다. 능지처참을 당한 월리스의 사지는 영국의 네 귀퉁이로 흩어지지만, 그 팔다리는 '자유'를 행사하며 죽어간 남자의 사지다.

실존주의 철학자는 대부분 시민의 자유와 인권에 깊은 관심을 표한다. 하지만 인간의 자유에 대한 실존주의자의 지지는 자유와 정의를 세계만방에 퍼뜨리고 싶어 하는 정치적 입장에서 그치지 않는다. 자유를 지지하는 실존주의자의 입장은 철학적으로 한층 깊이 들어간다. 실존주의 철학자는 모든 인간이 근본적 · 필연적으로 자유로운 존재며, 이 자유는 박탈될 수 없다는 중대한 철학적 입장을 고수한다. 우리가 어떤 상황에 처했는지, 어떤 정치적 · 사회적 · 경제적 압박에 시달리는지는 자유와 전혀 상관없는 일이다. 실존주의 철학에서 말하는 자유는 우리가 흔히 쓰는 '자유(liberty)'의 의미와 거리가 멀다. 실존주의 철학자에게 자유란 사람이 자유로이 할 수 있는 일이나 할 능력이 되는 일, 해도 되는 일 따위에 대한 것이 아니다. 실존주의 철학자들이 말하는 자유란 각자 처한 상황에서 하는 일 혹은 하지 않는 일에 따른 '책임'에 대한 것이다. 개인의 자유를 다루는 실존주의 철학을 제대로 이해하기 위해 반드시 알아야 할 것은 실존주의에서 자유에 대한 이론은 책임에 대한 이론이라는 점이다. 책임을 떠난 자유는 자유가 아니며 자유는 선택해야 하는 것, 그러므로 책임져야 하는 것이다.

자유에 대한 실존주의 이론은 선택과 행동에 대한 실존주의 이론에 뿌리내리고 있다. 그리고 선택과 행동에 대한 실존주의 이론은 앞서 우리가 살펴본 인간 의식과 일시성 이론에 뿌리내리고 있다. 자유의지를 주장하는 실존주의 철학자들은 단순히 여러 근거를 들어 결정론(determinism : 모든 일은 인과율에 따라 일어난다고 주장하는 이론 — 옮긴이)에 반박하면서 자유의지에 대한 여지를 마련하지 않는다. 결정론이란 모든 사건이나 사태는 전에 일어난 사건이나 사태에 따라 필연적으로 발생한다고 보는 견해다. 실존주의 철학자들은 자유의지를 발휘하는 일이 가능할 뿐만 아니라, 의식의 속성을 고려할 때 자유의지의 존재가 불가피하다는 점을 밝히면서 자유의지의 존재를 증명한다.

앞에서 살펴보았듯이 의식은 모순적이고 모호하고 불확정한 존재, 결코 자신과 일치하지 않고 자신과 동일하지 않은 존재다. 세계와 '관계'로 존재하는 의식은 그 자신이 아닌 것에 바탕을 둔다. 그러므로 의식은 그 자체로는 아무것도 아니며, 현재 아무것도 아닌 존재다. 의식은 결코 현재에 있지 않다. 의식은 끊임없이 미래를 향해 날아가는 일시성으로서, 과거를 떠나 미래로 향하는 초월로서 존재한다. 미래를 향한 일시적인 초월로서 의식은 원인과 결과로 구성된 세계, 인과율의 세계 바깥에 위치한다.

그것으로 있으며 결코 다른 것으로 있을 수 없는 사건은 한번 발생하면 과거의 일, 그 과거의 미래인 의식에 대해서 존재하는 과거의 일이 된다. 과거는 오직 그 과거를 초월하여 미래로 향하는 의식에 대해서 존재한다. 의식은 오직 미래를 향한 과거의 초월로서 존재한다. 의식은 과거의 미래, 다시 말해 과거의 미래 '가능성'이다. 미래로 향하는 존재 외에 아무것도 아닌, 자신이 초월하는 것의 미래 '가능성' 외에 아무것도 아닌 의식은 이 가능성이어야 한다. 의식이 가능성의 펼침이 아니기는 불가능하다.

시간과 가능성에 대한 이런 이야기는 실존주의의 핵심을 구성한다. 이 부분을 좀더 단순하게 설명하기는 쉽지 않다. 앞 단락의 내용이 머릿속에 잘 들어오지 않는다면, 머릿속에 들어오기는커녕 머리카락이나 벗어진 두피에도 닿지 않는 기분이라면 걱정하지 말고 다시 한 번 읽어보자. 철학책을 읽을 때 다시 한 번 읽는 것은 그리 이상한 일이 아니다. 이해가 되지 않아 다시 읽어본다고 해서 뇌세포가 부족하다는 뜻이 아니라는 말이다. 오히려 철학 공부에서 다시 읽는 습관은 현명한 습관이다. 뭣이라고? 벌써 다섯 번이나 다시 읽었는데도 안개 속을 헤매는 기분이라고? 걱정할 것 없다. 넘어가도 좋다. 나중에라도 전반적인 핵심은 이해할 것이라 믿는다. 우리 뇌는 사람들이 생각하는 것보다 위와 비슷해서 머리에도 무언가를 소화할 시간이 필요하다. 나중에 책을 덮고 나면, 밖에 나가 조깅을 하거나 저녁을 먹거나 TV를 볼 때 아까 읽은 내용이 무슨 말인지 번뜩 이해가 될지도 모른다. 나는 보통 샤워하다가 아까 이해되지 않은 내용이 번뜩 이해될 때가 많다. 생각을 적어놓기에 편리한 장소라고는 할 수 없으니 곤란한 일이다. 재미있게도 머리가 제일 잘 돌아가는 순간은 책을 덮고 종이와 연필을 내려놓는 순간인 듯싶다.

내가 여기에서 이야기하는 전반적인 핵심은 우리는 원인과 결과에 따라 기계적으로 돌아가는 세계에서 자유로울 수 있다는 말이다. 우리는 이 기계적인 세계에서 끊임없이 도피하여 미래를 향하기 때문이다. 우리가 자유로운 것은 우리가 지향하는 미래에서다.

의식의 자유는 상황의 가능성을 끊임없이 펼치는 데 있

다. 의식은 미래를 향한 일시적 초월로 있음으로써 가능성의 세계를 창조하고, 그 안에서 자신을 발견한다. 의식은 미래에 '있지' 않다. 미래는 의식이 그를 향해 다가가는 '아직 일어나지 않은' 상태로 존재한다. 게다가 미래에는 결코 도달할 수 없다. 미래에 '도달하는' 순간 미래는 과거가 되기 때문이다. 그럼에도 의식이 자유로운 것은 의식이 지향하는 미래에서다. 여기에서 자유롭다는 의미는 의식이 자신의 것으로 인식하는 일정한 범위의 가능성이 있다는 의미다.

그 가능성 가운데 하나를 선택하면서, 어떤 행동을 하기로 선택하면서 의식은 가능성의 일부를 현실화하고 나머지 가능성을 버린다. 이 가능성에서 현실로 변환하는 것은 실존주의 철학자들이 말하는 '일어날-과거'에서 '지난-미래'로 전환하는 것이다. 앞에서 살펴보았듯이 과거는 '지난-미래', 한때 미래였지만 지금은 과거가 된 미래다. 의식으로 성립되는 가능성 중 의식이 선택한 가능성은 지난-미래로 전환되며, 이 지난-미래는 그 즉시 의식이 새로운 미래의 가능성으로 향하기 위한, 그다음의 초월을 위한 발판이 된다. 이런 과정은 죽음이 우리를 손아귀에 넣는 순간까지 끊임없이 이어진다.

의식이 존재하기 위해서는 반드시 일시적 초월이어야 한다는 사실, 의식이 가능성의 펼침이 아니기는 불가능하다는 사실은 의식이 자유롭지 않을 수 없다는 사실을 의미한다. 자유로움에서 벗어날 자유가 없다는 것은 인간 의식의 필연적인 속성이다. 우리는 자유로울 수밖에 없다. 사르트르의 표현에 따르면 인간은 "자유를 선고받은 존재"[15)]다.

우리는 결코 자유를 저버릴 수 없다. 우리는 결코 자신을 물리 세계의 인과율에 따라 결정되는 객체로 취급할 수 없다. 자신을 인과율에 따라 결정되는 객체로 취급하려는 시도 자체가 자유로운 선택이어야 하기 때문이다. 우리는 자신을 세계에 의해 결정되는 존재로 만들 수 없다. 자신을 세계에 의해 결정되는 존재로 만들려고 시도할 때마다 우리는 반드시 그렇게 하기를 '선택'해야 하기 때문이다. 우리는 선택하지 않을 수 없다. 사르트르의 표현에 따르면 "선택하지 않는 일은 사실상 선택하지 않기로 하는 선택이다".[16)]

실존주의에서 말하는 인간의 자유는 모든 구속에서 완전히 벗어나는 일종의 히피다운 자유와 거리가 멀다. 실존주의에서 자유란 끊임없이 선택해야 하는 책임이다. 자신이 처한 상황의 역경과 저항에 어떻게 대처하는지, 이 상황에서 자신을 어떻게 만들어가는지를 자신이 선택한 행동으로 결정하는 데 따르는 책임이다. 강경파 실존주의 철학자의 의견에 따르면 선택해야 하는 책임에 끝이란 없다.

여기에서 실존주의 철학자들이 우리가 처한 상황의 역경과 저항을 '사실성(facticity)'이라고 부른다는 사실을 기억할 필요가 있다. 사실성은 자유가 극복해야 하는 것이다. 또 자유에는 극복하기 위한 대상으로서 언제나 사실성이 필요하다. 시몬 드 보부아르가 《The Ethics of Ambiguity(모호함의 윤리학)》에서 표현한 대로 "상황의 저항[사실성]은 인간의 행동[자유]을 지탱한다. 공기가 비둘기의 비행을 지탱하는 것과 마찬가지다."[17] 자유는 우리가 이제껏 '초월'이라 부른 것과 매우 가깝게 닿아 있다. 그런 점에서 우리는 초월을 사실성에 대한 초월이라고도 말할 수 있다. 초월과 사실성은 떼려야 뗄 수 없는 관계, 서로 의미와 실재성을 부여하는 관계로 존재한다. 실존주의 철학자들은 '초월'과 '사실성'이라는 유용한 철학적 용어를 사용하여 우리와 몸의 관계, 세계의 관계, 상호관계 등에 대해 자세하고 다양한 방식으로 설명할 수 있다. 여기에 대해서는 조금 뒤 실존주의자가 되지 '않는' 법을 다룬 자기기만에 대한 장에서 살펴볼 것이다. 자기기만은 일부러 초월과 사실성을 뒤섞고 혼란스럽게 만드는 일종의 게임이다.

:: 자유와 장애

자유는 불가피하지만 한계가 없기도 하다. 여기에서 한계가 없다는 말은 우리에게 무엇이든 할 수 있는 자유가 있다는 뜻이 아니다. 우리는 도구의 도움 없이 하늘을 날 수 없고, 물 위를 걸을 수 없으며, 자기 팔꿈치에 혀를 댈 수도 없다. 한계가 없다는 말은 우리가 자유로울 책무, 어떤 상황에 처하든지 그 상황에서 어떻게 행동해야 할지 선택해야 하는 책무가 끊임없이 이어진다는 뜻이다. 심지어 장애 탓에 걷지 못하는 사람 또한 그 자유에 한계가 없다. 물론 마음대로 걸을 수 있다는 의미에서는 자유롭지 못하지만, 자신의 장애에 어떤 의미를 부여하는지 선택할 수 있다는 의미에서는 자유롭다. 그러므로 그 사람 또한 자신의 장애를 대하는 태도에 책임을 져야 한다. 《존재와 무》에서 사르트르는 "내가 절름발이로서 나를 선택하지 않는 한, 나는 절름발이가 될 수 없다. 이 말은 곧 내 장애를 구성하는 방식('견딜 수 없는 것'으로서, '굴욕적인 것'으로서, '숨겨야 하는 것'으로서, '사람들에게 드러내야 하는 것'으로서, '자부심의 대상'으로서, '내 실패를 정당화하는 핑계'로서 등등)을 나 자신이 선택한다는 뜻이다"[18]라고 말한다. 장애가 있는 사람이 자신의 장애를 두고 인생을 불행하게 만든 화근이라고 생각한다면 이는 그 사람이 그렇게 생각하기로 선택한 일이므로, 그 생각에는 자신이 홀로 책임져야 한다. 그 사람에게는 자신의 장애를 긍정적으로 생각하려고 선택할 자유가 있다. 이를테면 장애인 육상 선수로 승리하기 위해 노력할 수도 있고, 축구를 하면서 보내던 시간에 책을 쓰거나 기금을 모금할 수도 있다.

영화 〈슈퍼맨(Superman)〉에서 주인공으로 활약한 크리스

토퍼 리브(Christopher Reeve)는 1995년 말을 타다가 목 아래가 전부 마비되는 사고를 당했다. 리브는 슈퍼맨다운 인물로서 간단없는 의지를 발휘하여 전신 마비가 자기 인생을 망가뜨리는 일을 단호하게 거부했다. 리브는 장애에 굴하지 않고 사고를 당하기 전처럼 능동적이고 활동적인 자세로 장애인의 권리를 위한 캠페인을 벌이고, 마비 치료 연구를 위해 수천만 달러에 이르는 기금을 모았다. 물론 리브는 전신 마비의 합병증으로 젊은 나이에 세상을 떠났지만 그건 중요하지 않다. 시기가 다를 뿐 누구나 죽게 마련이니까. 중요한 것은 리브가 어떻게 살았느냐다. 리브는 이렇게 말했다. "도전 과제를 정하는 일은 동기를 부여하는 훌륭한 방법이라고 생각합니다. 너무나 많은 장애인들이 그저 가만히 앉아 장애가 자기 인생을 지배하는 요소가 되도록 내버려둡니다. 나는 장애로 인해 내가 살아가는 방식이 결정되도록 내버려두는 일을 단호하게 거부합니다." 나는 리브가 실존주의를 공부했는지 알지 못한다. 하지만 리브는 분명 실존주의자가 될 수 있는 자질을 갖춘 사람이다.

나는 최근 웨일스 북서부에 위치한 스노든산(해발 1085미터로 웨일스에서 가장 높은 산 — 옮긴이)에 올랐다. 반쯤 올랐을 무렵, 팔꿈치를 끼우는 목발에 의지하여 한 걸음 한 걸음 산을 내려오는 남자와 스쳐 지났다. 그는 곱사등에 무릎 아래쪽 다리가 바깥쪽으로 흉하게 벌어져서 걸음을 내디딜 때마다 발의 옆면으로 땅을 짚어 몸을 지탱해야 했다. 나는 가볍게 고개를 숙여 인사하고 그를 지나쳐 정상을 향해 힘겨운 발걸음을 옮겼다. 그는 도대체 어떻게 정상에 올랐을까 궁금했다. 거의 두 시간이 지나 정상에 올랐다가 산길을 되짚어 내려오는 길에 그 남자와 다시 마주쳤다. 그는 아까 스친 곳에서 고작 1킬로미터 아래 지점에서 아직도 산을 내려가고 있었다. 우리는 잠시 내려오는 길을 함께했다. 그에게 산을 내려가는 한 걸음 한 걸음은 얕볼 수 없는 과업이었다. 그는 고통스러울 만큼 느린 속도로 험한 산길에 놓인 바위 하나하나를 힘겹게 상대해야 했다. 그의 걸음은 느린 만큼 위험하기도 했다. 그의 목발은 이따금 젖은 바위에서 미끄러지거나 진흙탕에 빠졌다. 몇 차례 몸을 버티지 못하고 넘어지기도 했다.

이분척추(태아 때 척추가 제대로 만들어지지 못하고 갈라지면서 생기는 선천성 척추 기형 — 옮긴이)라고 했다. 산에 오르는 일은 물리적으로 불가능하기 때문에 그는 험한 산길을 걸어 내려가는 무시무시한 도전을 위해 일부러 기차를 타고 스노든산 정상까지 올라갔다. 목발과 기형인 다리로는 스노든산의 란베리스 등산로를 따라 8킬로미터에 달하는 거리를 내려오기까지 혹독한 몇 시간이 소요되겠지만, 그는 결심을 꺾지 않았다. 그는 어려움과 고통에도 즐겁게 산을 내려가고 있었고, 아무런 도움도 받지 않을 기세였다. 그는 스스로 부여한 상황을 헤쳐나가는 일에 행복을 느끼고 있었다. 자신의 장애를 정복하고 장애의 의미를 스스로 선택하는 일이 행복하기 때문이다.

그 남자를 보노라니 내가 아는 사람들이 떠올랐다. 종일 TV 앞에 앉아 게걸스럽게 먹고 나태하게 생활하면서 뒤룩뒤룩 살이 찌다 못해 건강까지 해친 사람들 말이다. 그들이 스노든산을 내려가려면 이분척추 남자만큼이나 고생스러울 것이다. 하지만 유감스럽게도 그 뚱보들이 등산해야겠다고 생각할 리 만무하다. 그렇다면 이 세상에서 진정으로 장애가 있는 사람은 누구인가? 자신을 끊임없이 일으켜 세우기를 선택하고 최선을 다하는 '곱사등이'인가, 언제나 제일 쉬운 길만 선택하고 입에 단 음식을 우겨넣으며 남 탓하는 일을 제외하고는 손가락 하나 까딱하지 않으려는 뚱보들인가? 진정한 의미에서 장애인은 자신을 무능하게 만드는 방식으로 살아가는 사람들일 것이다.

장애인은 자신의 장애에 책임을 져야 한다고 실존주의식으로 주장하는 일은 분명 비정하고 강경한 사고방식이다. 개인의 책임을 묻지 않고 주위 환경과 사실성에 책임을 전가하기 좋아하는 문화에서 어쩌면 이런 주장은 너무나 모질고 정치적으로 불온한 발언이라고 여겨지기도 한다. 하지만 이런 주장은 장애인을 존중한다는 점에서 오히려 그들에게 힘을 주는 사고방식으로, 정치적으로도 아주 온당한 발언으로 인정받아야 마땅하다. 우리가 '장애인'에게 자신의 장애에 책임져야 한다고 실존주의식으로 말하는 것은 그 사람을 모욕하는 일이 아니며, 말하는 사람이 상대방을 배려하지 않는 무정한 놈이라는 사실을 증명하는 일도 아니다. 이런 말을 하는 것은 오히려 상대방을 고무하는 일이며, 상대의 장애가 치료 불가능한 경우 상대에게 유일한 현실적인 희망을 제시하는 일이기도 하다. 자기 연민에 빠져 허우적대지 않는 장애인은 — 사르트르라면 자기 연민에 빠져 허우적대지 않기로 '선택한' 사람들이라고 표현하겠지만 — 필시 자신의 장애에 대한 사르트르의 설명을 기꺼이 받아들일 것이다. '휠체어를 탄 사지 마비 환자'로, '목발 짚은 뇌성마비 환자'로 여겨지고 싶어 하는 장애인은 없다. 사르트르는 장애인이 누구인지는 그 사람의 장애로 판단할 수 없으며, 그 장애를 어떻게 대하는지 자유롭게 선택한 태도, 장애에 대한 초월로 판단해야 한다고 분명하게 말한다.

스노든산에서 만난 이분척추 남자에게는 장애가 아니라 확실히 '다른 방식의 능력'이 있었다. 그는 자기 몸의 사실성이 허락한 최선을 다했다. 그가 한 일은 선천적 손상이 없는 일부 사람들이 하려고 마음먹는 일보다 훨씬 훌륭하다. 나는 스노든산 기슭에 있는 호텔로 돌아와 샤워하고 보상 받아 마땅한 차 한 잔을 즐기러 밖으로 나섰다. 오후가 저물고 저녁 어스름이 내릴 무렵까지 산줄기를 올려다보며 그가 아직도 느릿느릿한 속도로 산을 내려오고 있을지 궁금한 마음을 떨칠 수 없었다. 다른 이야기를 듣지 못했으니 아마도 무사히 내려왔으리라. 설사 그가 산을 내려오려고 애쓰다 목숨을 잃었다 해도 그는 장애라는 무시무시한 사실성을 초월하면서 목숨을 잃었다고 말할 수 있다. 나는 그것이 죽음을 맞이하기에 훌륭한 방식이라고 생각한다. 실존주의에서는 장애인이 이용하기 불편한 허다한 공공시설과 달리 항상 장애인에게 필요한 시설을 모두 갖추고 있다. 동시에 실존주의에서는 장애인이라고 해서 어떤 특권도 제공하지 않는다.

:: 자유의 한계

《지각의 현상학》이라는 책으로 실존주의에 한 획을 그은 모리스 메를로퐁티처럼 온건한 실존주의자들은 때로는 인간의 자유에 한계가 있다고 생각한다. 물론 우리가 스스로 제어할 수 없는 행동들이 있다. 이를테면 맥주 15병을 들이부은 다음 속이 뒤집혀 위에 있는 내용물을 몽땅 토하는 일 같은 것이다. 애초에 맥주를 들이붓기로 선택한 것은 우리 자신이지만, 구역질이 나는 것은 막을 수 없는 노릇이다. 그러나 메를로퐁티가 말하는 자유의 한계는 이런 것이 아니다. 맥주 15병을 마시고 토하는 일은 그 사람이 하는 행동이라기보다 통제 불능이 된 신체에서 일어나는 현상이다. 물론 순전히 의지의 힘으로 맥주 15병을 마시고도 다른 사람보다 훨씬 오랫동안 토하지 않고 버티는 사람이 있기는 하다.

여기에서 메를로퐁티가 염두에 두는 경우는 의식의 인식을 통해 발생하지만, 우리가 선택할 수 있는 문제가 아닌 기질(disposition)과 반응(response)이다. 토하는 일이 반드시 의식의 인식을 통해 발생한다고 할 수는 없다. 사람들은, 특히 유명한 록 스타들은 잠든 상태에서 토하다 끔찍한 일을 당하기도 한다. 지미 헨드릭스, 레드제플린의 드러머 존 본햄, AC/DC의 보컬 본 스콧도 그렇게 목숨을 잃었다. 메를로퐁티와 의견을 같이하는 철학자들은 의식의 인식을 통해 발생하지만 우리가 선택하는 문제가 아닌 기질과 반응의 예로 유머 감각, 성적 기호, 공포 반응, 정신이상 등을 꼽는다. 여기에서는 이런 예를 하나씩 살펴보면서 우리가 모든 의식적 반응을 자유롭게 선택할 수 없는 점에 대해 알아보자.

유머 감각 교육이나 경험의 결과로서 유머 감각은 바뀔 수 있다. 그러나 어떤 농담을 듣는 순간 우습다고 생각한다면 우리가 그 농담을 재미있다고 여기기로 선택했기 때문이 아니다. 그러니까 말도 안 되는 소리를 늘어놓으며 비위를 거스르는 영국 스탠드 업 코미디언 버나드 매닝(Bernard Manning)이 우습다면 스스럼없이 웃어라. 우스우니까 웃는 건 잘못이 아니다. 사실 나도 버나드 매닝이 우습다고 생각한다. 매닝을 보노라면 그 신성하고 더없이 올바르고 정치적으로 옳기만 한 자유주의자들, 매닝이 무례하다고 여기도록 자신에게 주입교육을 한 자유주의자들이 떠오르기 때문이다. 매닝이 우스운 이유 중 일부는 자유주의자들이 그를 보고 기분이 상하기 때문인데, 이 얘기가 여기에서 무슨 관계가 있는지는 나도 잘 모르겠다.

성적 기호 정상적인 사람이 자신의 성적 기호에서 비롯된 모든 행동에 책임을 져야 한다는 사실은 의심할 여지가 없다. 그렇다고 자신의 성적 기호 자체에 책임이 있지는 않다. 우리는 성적 기호를 선택하지 않으며, 성적 기호를 바꾸기로 선택할 수도 없다. 우리는 일부 심리학자들이 소아성애증을 치료할 수 있다고 생각하는 근거가 무엇인지 진지하게 물어봐야 할 것이다. 그들은 동성애나 이성애 같은 성적 기호도 치료를 통해 바꿀 수 있다고 생각할까? 소아성애를 멈추기 위해 거세해달라고 요청하는 소아성애자도 있다. 이런 요청을 하는 소아성애자들은 자신에게 아무 책임이 없는 성적 기호와 자신이 분명히 책임져야 하는 행동을 자기 형편에 따라 혼동한다.

그 뒤에는 자기 행동에 대한 책임을 교활하게 회피하려는 의도가 숨어 있다.

공포 반응 공포 반응은 신체적 측면과 정신적 측면에서 나타난다. 공포 반응은 의식을 통해 나타나는 신체 반응이지만, 언제나 의식의 통제 아래 있지는 않다. 때때로 공포는 의식을 압도한다. 우리가 공포에 질리면 적에게 덤벼들거나 도망가기 위해 몸이 긴장하는 투쟁 도주 반응이 나타난다. 이 상태에서 의식은 뚜렷하지만, 우리는 순간적으로 자신에 대한 통제를 잃는다. 물론 군인은 훈련을 받고 경험을 쌓아 마침내 공포 반응을 통제하는 법을 익히고, 공포에 휘둘리지 않기로 선택하는 능력을 갖출 수 있다. 그렇다고 해서 모든 군인이, 특히 신병의 경우 머리 위로 총알이 날아다니고 대포가 불을 뿜는 상황에서 자신이 공포에 질리거나 질리지 않기로 선택할 수 있다는 말은 아니다.

정신이상 정신과 의사는 정신이상에 시달리는 사람은 강박증이나 충동성 같은 경향을 스스로 거의 혹은 전혀 통제할 수 없다는 사실을 인정한다. 하지만 강경 노선을 견지하는 실존주의 자유 이론에서는 정신이상의 인증 마크로서 책임 축소를 인정하지 않는다.

선택하지 않기를 선택한다 해도 책임은 회피할 수 없으며, 자유도 제한될 수 없다는 주장이 옳다는 점에는 의심할 여지가 없다. 그리고 인생에서 벌어지는 숱한 상황에서 — 언제나 그런 것은 아닐지라도 — 무력함은 흔히 사용되는 핑계다. 그러나 우리가 하는 모든 행동에 대해, 우리가 내리는 모든 판단에 대해 '언제나' 책임을 져야 한다고 주장하는 일은 옳지 않을 것이다. 실존주의 철학자 중에서도 사르트르는 가장 강경하고 타협이 없는 자유와 책임의 이론을 펼친 사람이다. 사르트르가 그런 입장을 취한 데는 그가 실존주의 이론을 정립할 당시 역사적 시대에 어느 정도 책임을 물어야 할 것이다. 사르트르의 정치적 관심사는 그 사상에 영향을 미쳤으며, 그는 2차 세계대전에서 정점을 찍은 파시즘과 나치즘의 높은 파도에 대항하기 위해 개인의 자유와 결코 피할 수 없는 개인의 책임을 주장하며 사상가로서 본분을 다했다.

결국 사르트르가 주장하는 철학은 사소한 일 하나까지 해결해주는 철학 이론이라기보다 수그러들지 않는 의지의 힘과 무자비할 정도로 냉혹한 정신을 통해 이룰 수 있는 이상적인 삶의 방식인지도 모른다. 책임을 최대한 짊어지고 변명을 최소한 줄이는 삶 말이다. 그럴 마음이 없고 무책임하게 징징대는 게으름뱅이가 되고 싶다면 말리지 않겠다. 그런 사람을 위해 공공자금이 차고 넘치게 준비되었다.

:: 자유와 불안

한계가 없는 자유, 혹은 거의 한계가 없는 자유를 인식하는 일은 불안이나 괴로움의 원천이 되기도 한다. 우리가 무엇으로 '존재하는' 방식으로 존재하지 않는다는 사실, 무엇을 하든 전부 우리의 자유로운 선택이라는 사실, 우리가 하지 않기로 선택하는 것 말고는 미친 짓을 못 하게 막는 것은 없다는 사실을 인식하면서 우리는 불안에 시달린다. 내 친구가 자전거를 타다 자전거 앞바퀴 살에 발이 낀 적이 있다. 병원에서 내가 도대체 무슨 짓을 저지른 거냐고 묻자, 친구는 앞에 바퀴살이 있었고 발을 끼워보고 싶었을 뿐이라고 대답했다. 그 친구의 실존주의적 명예를 위해 말해두는데, 그는 "불가항력적인 충동 때문에 어쩔 수 없었다"는 변명을 늘어놓지 않았다.

자유는 우리를 불안하게 한다. 자유 그 자체 말고는 우리가 언제 어느 때고 파괴적이고 위험하고 창피하고 남부끄러운 행동을 하지 못하게 막아줄 수 있는 것이 없기 때문이다. 직장에서 일한다면 당장 상사에게 엿이나 먹으라고 말한 다음 뛰쳐나가기로 선택할 수도 있고, 길거리에서 남에게 보여서는 안 될 신체의 일부를 노출하기로 선택하여 존경 받는 시민으로서 평판을 한순간에 망쳐버릴 수도 있다. 물론 그런 짓을 하라고 말하는 것은 아니다. 단지 이런 행동 역시 순간순간 우리가 실행하지 않는 다른 무한한 행동의 가능성과 마찬가지로, 우리가 언제나 선택할 수 있는 대상이라는 뜻이다. 나 또한 다음 단락을 쓰기 전에 창문 밖으로 뛰어내릴 수도 있다.

여기 단락이 이어지므로 내가 창문 밖으로 뛰어내리지 않았다는 사실이 분명해진다. 하지만 이번에는 당신이 계속 읽는 대신 창문 밖으로 뛰어내릴 수 있다. 물론 우리의 탓하는 문화(혹은 내 탓하지 않고 남 탓만 하는 문화)에서는 고소당할 위험이 크기 때문에 나는 창문 밖으로 뛰어내리라고 권하지 않았다는 점을 굳이 강조해야겠다. 그래도 실존주의식으로 말한다면 선택은 당신의 몫이다.

사르트르는 두려움과 불안을 구분한다. 여기에서 불안은 '자유-불안'이라 부를 수 있을 것이다. 두 가지를 구분하기 위해 사르트르는 좁은 벼랑을 따라 조심스럽게 걷는 한 남자의 사례를 든다.[19] 그는 벼랑에서 떨어지는 일을 두려워하는 한편, 다른 불안에도 시달린다. 불안은 현기증이라는 형태로 그를 찾아온다. 그에게는 뛰어내릴 자유가 있기 때문이다. 사르트르의 표현에 따르면 "현기증이 불안인 것은 내가 벼랑에서 떨어질까 두려워하지 않고 내가 벼랑에서 스스로 몸을 던질까 두려워하기 때문이다".[20]

자유-불안을 피하기 위해 우리는 흔히 자신이 자유롭지 않다고 자신과 다른 사람을 이해시키는 전략을 선택한다.

우리는 선택할 필요가 없다거나 선택할 수 없다거나 실제로 선택한 경우에도 선택하지 않았다고 생각하려 한다. 벼랑을 따라 걷는 남자는 자기 행동이 선택에 달린 것이라기보다 자신이 처한 상황의 요구에 따라 물리적으로 결정된다는 듯이, 벼랑길을 따라 주의 깊게 발걸음을 옮기는 일 자체에 몰두하면서 뛰어내릴 수도 있다고 자신을 위협하는 자유를 무시하려고 노력한다. 그는 생존 본능을 비롯한 것들에 따라 자신은 지금 그 행동을 하도록 강요받는다고 상상한다.

불안을 피하기 위한 방책이나 대응 전략으로 혹은 아마도 책임을 회피하려는 의도에서 자유와 선택의 현실을 부인하는 태도를 실존주의 철학자들은 '자기기만'이라 부른다. 자기기만은 자유의 반대가 아니다. 자기기만이라는 가능성을 열어두는 것 또한 자유이기 때문이다. 자기기만은 자유가 자신을 억제하고 부인하는 방향으로 발현될 때 자유를 행사한 결과로 나타난다.

여기에서 농담 하나. 한 학생이 실존주의를 가르치는 교수를 만나러 갔다. 학생은 문을 빠끔히 열고 머리를 들이밀더니 "지금 좀 자유로우신가요?" 하고 물었다. 교수는 대답했다. "그래, 하지만 자유롭고 싶지 않구나." 진정한 실존주의자가 되고 싶다면 우리는 '자유롭고 싶어 하기' 위해 노력해야 한다. 언제 어디서든 자기기만을 피하고 자유를 행사하고 싶어 해야 한다. 다음 장에서는 이 자기기만에 대해 다룰 것이다.

3

실존주의자가 되지 않는 법

How Not to Be an Existentialist

Fyodor Mikhailovich Dostoevskii
1821~1881

우리는 실존주의에 대해 아무것도 알지 못하는 것으로 실존주의자가 되지 않을 수 있다. 실존주의에 대해 잘 알면서도 실존주의에서 주장하는 바를 믿지 않거나, 실존주의가 권고하는 방식으로 살아가려고 노력하지 않는 것으로도 실존주의자가 되지 않을 수 있다. 그러나 여기까지 읽었다면 실존주의가 무엇인지 어느 정도 알았기를, 인간 현실을 적나라하게 평가하는 실존주의적 관점에 힘입어 실존주의가 진실에 아주 가깝다는 사실을 이해했기를 바란다. 지금 그렇다면 내가 1장의 서두에서 제시한 실존주의자가 되기 위한 세 가지 기준 가운데 1번과 2번을 충족하는 셈이다. 세 가지 조건 중 벌써 두 가지를 충족했으니 실존주의자가 되는 목표에 많이 가까워졌다.

악명 높은 윌리엄 블라이(William Bligh) 선장(1789년 바운티호 반란 사건 당시 선장으로 유명하다. —옮긴이)의 말을 빌리면 "항상 얼마나 가야 할지 생각하지 말고 얼마나 왔는지 생각하라".(적어도 내가 본 영화에서 선장은 이렇게 말했다.) 선장은 오랫동안 고생해온 선원들에게 아직도 가야 할 길이 멀다는 의미를 이런 방식으로 전달하려 했다. 여기에서 블라이 선장의 말을 인용하는 것은 독자 여러분께 아직 가야 할 길이 멀다고 말하는 내 나름의 호의적인 방법이다.

바운티호에서 반란이 일어난 뒤 블라이 선장은 선원 18명과 7미터 구명정 말고는 아무것도 없이 표류했다. 선장은 육분의와 회중시계, 영국 해군다운 결단력과 강인함, 진정한 담력으로 무장한 채 47일 동안 6700킬로미터를 항해했다. 블라이 선장이 진정한 실존주의자인지는 잘 모르겠다. 선장이 진정성 있는 사람인지 판단할 수 있을 만큼 그를 잘 알지도 못한다. 하지만 그는 자신이 실존주의자가 되는 데 필요한 자질이 있다는 사실을 분명하게 증명했다. 언제나 찡그린 표정의 늙은이라고들 하는—이게 실존주의자가 되기 위해 필요한 자질이라고 할 수는 없지만 도움이 될지도 모르겠다—선장은 자신이 처한 무자비한 현실을 정면으로 마주하고 자문했다. '여기에서 해야 할 일은 무엇인가?' 그리고 선장은 그 일을 해내고야 말았다. 그는 최선을 다하지 않았다. 최선은 학교 운동회에서 뛰는 아이들이나 하는 것이다. 선장은 그 상황에서 '해야 할 일'을 했다.

실존주의가 무엇인지 아는 일, 실존주의의 주장을 신봉하는 일은 비교적 쉽다. 실존주의의 주장을 신봉하기 위해서는 아무런 노력도 필요하지 않다. 그저 편안히 앉아서 인생에 대한 적나라한 평가에 고개를 끄덕이면 된다. 실존주의자가 되기 위해 넘어야 하는 힘든 고비, 거친 바다에서 조그만 배에 몸을 맡기고 수천 킬로미터를 항해하는 일만큼이나 힘든 고비는 1장 서두에서 이야기한 세 가지 기준 가운데 3번을 충족하는 일이다. 바로 실존주의에서 도출된 결론과 권고에 따라 살아가고 행동하기 위해 노력해야 하며, 이런 노력에서 어느 정도 성공을 거둬야 한다는 부분이다. 실존주의에서 말하듯이 이론도 좋고 다 좋지만 정작 중요한 것은 '행동'이다. 실존주의가 무엇인지 배우는 일은 육분의로 수평선 위에 뜬 천체의 각거리를 재는 일보다 쉬울 것이다. 그러나 실존주의자로 '존재하는' 일은 노 젓는 배를 타고 괴혈병에 걸린 선원 18명을 이끌고 상어의 공격을 벗 삼아 태평양을 횡단하는 일보다 어려울 것이다.

진정한 실존주의자로 향하는 항해에서 가장 큰 장애물이자 빠지기 쉬운 함정은 '자기기만'이다. 실존주의자가 되지 않는 가장 확실한 방법은 자기기만에 따라 행동하는 것이다. 지금 이 책을 읽고 있다면 실존주의자가 '되지 않는 법'이 아니라 실존주의자가 '되는 법'을 알고 싶기 때문일 것이다. 그러나 여기에서 실존주의자가 되지 않는 법을 짚고 넘어간다면 실존주의자가 되는 최종 목표에 크게 한 발짝 다가설 수 있으리라고 생각한다. 정말 실존주의자가 되고 싶다면 어떤 희생을 치르더라도 여기에서 설명하고 분석하는 자기기만적 행동을 피해야 한다는 뜻이다.

자기기만에 대해 가장 할 말이 많은 실존주의 철학자는 우리의 믿음직한 친구 사르트르다. 자기기만에 대한 실존주의 이론은 대부분 사르트르의 것이며, 그 위대하고 총명한 머리에서 나온 사상 중 아마도 가장 흥미롭고 시사하는 바가 큰 이론일 것이다. 사르트르는 자기기만에 집착한다. 자기기만은 너무나 널리 퍼졌으며, 대다수 사람들이 많은 시간 동안 행동하는 방식의 중심에 있기 때문이다. 사르트르는 체면 차리는 중산층 환경에서 어린 시절을 보내는 동안 자기기만에 둘러싸여 있다고 느낀 것이 분명하다. 그가 비평과 소설, 희곡, 자서전에 이르기까지 자기기만에 대해 그토록 장황하게 글을 쓰는 행위는 자기기만에 저항하고 맞서는 나름의 방식이다. 사르트르는 이런 글을 통해 우리도 자기기만에 저항하고 맞서라고 이야기한다. 진정한 실존주의자가 되기 위해서는 사르트르처럼 자기기만을 혐오하는 법을 배워야 한다고 해도 무리는 아니다. 사르트르와 자기기만 이론은 밀접하게 연결되었기 때문에 사르트르가 하는 말을 살펴보지 않고는 자기기만에 대해 살펴보는 일 자체가 불가능하다. 이 장에 사르트르가 왜 이렇게 많이 등장하는지 충분히 설명했으니 이제 함께 노를 저어보자.

:: 자기기만은 자기기만이 아니다

자기기만은 흔히 자신을 속이는 일로 설명된다. 자기기만은 표면적으로 자신을 속이는 일처럼 비춰지기 때문이다(자기기만[mauvaise foi]은 우리말로 자기기만 혹은 불성실이라고 번역되지만, 사르트르가 말하는 의미는 단어 자체 의미와 사뭇 다르다. 여기에서는 다른 텍스트와 통일성을 유지하기 위해 자기기만이라고 번역한다.—옮긴이). 하지만 자기기만을 이렇게 설명하는 일은 좋게 봐서 지나친 단순화일 뿐이며, 최악의 경우 이해를 그르치는 일이다. 자기기만이 자신을 속이는 일이 될 수 없는 것은 자신에게 거짓말한다는 의미에서 자기기만은 불가능하기 때문이다. 인간은 자신을 속일 수 없다. 혼자 체스를 두면서 반칙할 수 없는 것과 마찬가지다. '내가 폰 두어 개를 집어내면 내가 알아차릴까?' 인간은 자신이 속임수를 쓴다는 사실을 인식하지 못하고는 결코 속임수를 쓸 수 없다. 우리는 거짓말할 때마다 자신이 거짓말하고 있다는 사실을 인식한다. 사르트르가 표현했듯이 "거짓의 본질에는 사실상 거짓말하는 사람이 자신이 숨기려는 진실을 완전히 알고 있다

는 뜻이 내포되었다".[21)]

거짓말은 다른 사람을 속이려는 고의적인 의도를 내포하며, 우리의 의식이 타자가 직접적으로 의식하지 못하는 의식이라는 사실에 기반을 두고 있다. 거짓말하는 행위에는 외부적으로 연계된 두 가지 의식, 속이는 자와 속는 자의 정신적 이원성이 필요하다. 정신적 이원성은 하나의 의식이라는 단일성 안에서 존재할 수 없다. 의식은 투명한 것으로, 이는 의식은 속속들이 의식이라는 뜻이다. 생각은 우리가 그 생각을 의식하는 한에서 존재한다. 투명한 의식이라는 존재로서 의식은 칸막이로 나뉠 수 없으며, 서로 다른 칸막이끼리 생각을 감춘 채 존재할 수 없다.

사르트르는 단일적인 의식의 통합 안에서 정신적 이원성의 존재를 부정하면서 오스트리아의 정신분석학자 지그문트 프로이트(Sigmund Freud)가 주창한 의식과 무의식의 유명한 구분을 부정한다. 사르트르는 프로이트가 주장한 견해의 불합리함을 밝히려는 노력으로 인간 의식은 원치 않는 생각이라 해도 자신이 실제로 무엇을 억누르고 있는지 '인식'하지 못한 상태로 생각을 억누르고, 그 생각을 무의식 속에 가둘 수는 없다고 주장한다. "정신분석학의 유물론적인 신화와 술어를 제쳐둘 수 있다면, 검열이 억압하기 위한 분별을 발휘하려면 우리는 자신이 억압하는 것이 무엇인지 알아야 한다는 사실을 깨닫는다."[22)] 미련퉁이에 얼간이인 나이트클럽 경비원이라도 누구를 들여보내선 안 되는지 모르면 자기 일을 할 수 없다. "어, 성함이 뭐라고요? 후레자식이라고요? 잠깐만요, 초대 손님 명단에 있는지 확인해보겠습니다. 없군요. 죄송합니다, 오늘은 안 됩니다. 못 들어옵니다."

사르트르는 프로이트가 정신적 이원성의 산물로 설명한 사고방식이나 행동을 자기기만의 형태로 설명한다. 자기기만은 한 사람 안에서 정신적 이원성이 필요하지 않으며, 자신을 속이는 행동과도 아무런 상관이 없다. 앞으로 살펴보겠지만 자기기만은 자신을 속이는 일이라기보다 '자기 분산' 혹은 '자기 회피'의 지속적인 기투에 좀더 가깝다고 할 수 있다.

자기기만은 추상적인 개념이 아니라 구체적이고 실존적인 현상이므로—사고방식, 습성 등 현실의 상황에 처한 현실의 사람들이 행동하는 방식이므로—자기기만을 설명하기 위해서는 자기기만에 빠진 특정인의 구체적인 사례를 들어 설명하는 편이 가장 좋다. 사르트르도 이런 방식으로 자기기만을 설명한다. 사르트르의 저서에는 자기기만에 빠진 인물이 잔뜩 등장한다. 이들 중 일부는 자기기만을 극복하고 진정성을 획득하기 위해 노력하기도 하지만, 나머지 대다수는 인생에 질질 끌려가는 동안 자기기만 속으로 한층 깊숙이 빠져들고 만다.

::가벼운 여자와 애태우는 여자

사르트르는 《존재와 무》에서 경박하지만 순진한 젊은 여자와 그녀를 침대로 끌어들이고 싶어 하는 남자의 사례를 통해 자기기만을 설명하는 포문을 연다. 남자는 짐작대로 여자보다 나이와 경험이 많고, 얼핏 보면 제비족 같은 느낌이 들기도 한다. 그는 겉으로 욕정을 완전히 배재한 채 다양한 찬미의 말을 던지고 정중한 관심을 표하다가, 손을 잡으면서 여자에게 즉각적인 결단을 재촉하는 상황을 만든다. 그러나 여자는 그대로 이야기하기를 선택하며 잡힌 손을 빼지도 않고, 손을 잡히는 행위가 의미하는 바를 인식하려고 하지 않는다. 여자는 손이 자기 몸의 일부분이 아니고, 그저 자신이 책임질 필요가 없는 사물인 양 취급한다. 그리고 자기 손을 남자의 손안에 그대로 둔다는 사실을 간과하는 행동을 행동이 아닌 양 취급한다.

여자는 손을 잡혔다는 사실과 그 사실이 의미하는 바를 알면서도 어떻게 해서든 그 인식을 회피하려 한다. 그 사실을 회피하고 그 사실과 자신을 멀리 놓으려고 노력하는 지속적인 기투를 하고 있다고도 할 수 있다. 여자는 미래로 도망가는 방법으로 자신이 처한 상황과 자기 팔다리가 놓인 배치의 의미에서 자신을 멀리 떨어뜨린다. 여자는 순간순간 자신이 처한 상황을 뛰어넘은 사람이 되기를, 현재 상태로 정의되지 않는 사람이 되기를 지향한다. 여자는 탁자나 바위 같은 사물 존재, 그래도 의식이 있는 존재가 되기를 지향한다. 이런 사물 존재는 상황의 요구에 응할 필요가 없으므로 '책임을 져야 할' 필요도 없다. 사물 존재는 선택하고 행동할 의무가 없다.

여자는 자기 손과 몸 전체를 과거에 버리고 싶어 하며, 자기 몸이 자신의 뒤에 남겨지기 바란다. 하지만 여자가 자기 몸을 버리려고 노력하는 행동 자체에는 여자가 자기 몸이 처한 상황이 선택을 요구한다는 사실을 인식하고 있다는 뜻이 담겨 있다. 남자의 손을 기꺼이 맞잡거나 손을 빼는 두 가지 선택이다. 그러나 여자는 눈앞에 닥친 선택을 외면하는 대신 자신을 선택의 필요를 뛰어넘고 싶어 하는 존재로서 선택한다. 이는 상황이 요구하는 능동적인 선택을 외면하는 '수동적인' 선택이다. 여자는 벌어진 상황에 처한 자신(situated-self)에 대한 책임을 초월한 사람으로 자신을 선택하려고 하면서, 상황이 요구하는 능동적인 책임을 회피하려 한다. 여자는 자신을 사실성에서 벗어난 존재, 자신이 처한 상황의 요구와 곤경에서 벗어난 존재로 선택하려 한다.

앞에서 살펴보았듯이 인간존재는 객체이자 주체며, 사실성이자 초월이다. 좀더 정확히 말하면 자신의 사실성에 대한 초월이다. 사르트르는 다양한 사례를 통해 자기기만의 여러 가지 형태를 보여준다. 자기기만은 어떤 방식으로든 사실성-초월이라는 "인간존재가 지닌 이중성"[23]을 교묘하게 조작한다. 자기기만은 본질적으로 사실성과 초월을 뒤집거나 분리하려는 노력의 기투다. 여자는 자신이 처한 상황의 사실성, 스스로 선택해야 하는 상황의 사실성에 자기 몸을 지배하는 초월적인 힘이 있는 양 취급한다. 다시 말해 여자는 자신의 사실성이 초월인 양 취급한다. 동시에 여자는 자신의 초월적 의식을 그 자체의 초월인 양, 자신이 처한 사실성에 대한 초월이라기보다 초월 그 자체인 양 취급한다. 다시 말해 여자는 자신의 초월을 사실성인 양 취급한다.

사르트르는 여자의 사례에서 자기기만에 빠지는 일을 어떻게 피할 수 있는지 그 답 또한 명확하게 제시한다. 여자가 진정한 실존주의자가 되려 한다면, 진정성을 추구하려고 노력하는 마음이 있다면 그 남자의 손을 뿌리치고 꺼지라고 말하든가 남자의 손을 맞잡고 그 행동에 책임져야 한다. 재미있는 점은 자기기만에서 벗어난다고 해도 겉으로 보이는 여자의 행동, 여자가 몸을 어떻게 움직이는지 혹은 움직이지 않는지는 달라질 필요가 없다는 것이다. 그러나 여자의 사고방식, 여자가 정신적으로 무엇을 마주하고 무엇을 회피하는지 관점에서는 손이 잡힌 채 있는 것과 손을 맞잡는 것 사이에 중대한 차이가 발생한다. 손을 잡힌 채 그 상황의 의미를 무시하는 것은 의지를 버린 사람의 무책임한 행동이다. 이는 선택하지 않기로 선택하는 일이다. 이런 '수동적인' 선택 또한 선택인 것은 변함없다. 손을 기꺼이 맞잡기로 선택하는 것, 이 선택을 통해 남자에게 좀더 가까운 접근을 허용하는 것은 자기 의지에 따라 행동하는 사람의 책임감 있는 행동이다. 다시 말해 선택하기로 선택하는 일이며, 능동적인 선택이다.

진정한 실존주의자가 되는 일, 진정성 있게 행동하는 일은 손을 잡힌 채 있는 것과 손을 맞잡는 것의 차이만큼 단순하다. 그러나 진정한 실존주의자가 되는 일의 난관은 이런 단순한 일을 지속하는 데 있다. 어떤 상황에서도 변명하지 않고 용기 있게 행동하는 일은 연애 놀이에서 상대를 찾는 일과 비교조차 안 되게 어려울 수 있기 때문이다.

짐작한 사람도 있겠지만 가벼운 여자가 손을 잡히는 일에 동의하거나 손을 뺀다면 더 이상 가벼운 여자라고 정의할 수 없다. 여기에서 우리는 고의로 손을 잡고 타자에게 여지를 남기면서도 정작 타자와 손을 잡는 것 이상 깊은 관계를 맺고 싶은 생각이 전혀 없는 여자 혹은 남자를 상상할 수 있다. 이런 사람은 이를테면 고의적인 바람둥이, 애태우는 사람이라 할 수 있다. 바람둥이는 좁디좁은 정원의 오솔길, 막다르고 어둑침침하고 흥미로운 오솔길로 타자를 끌어들인다. 자기 행동이 의미하는 바에 대해 생각하기를 회피하는 사르트르의 가벼운 여자와 반대로 이런 부류의 애태우는 사람들은 자기 행동이 잘못된 신호를 보낸다는 사실을 잘 안다.

고의적인 바람둥이 — 애태우는 여자 — 가 회피하는 가벼운 여자보다 자기기만에 빠지지 않았다고 말할 수 있을까? 논란의 여지가 있겠지만 애태우는 여자가 회피하는 가벼운 여자보다 자기기만이 덜하다고 말할 수 없다. 애태우는 여자는 고의적으로 타자를 오해하게 만들기 때문이다. 애태우는 여자가 남자를 성적인 의미에서 '이용하려고' 계획하는 것은 아니지만, 자기 나름의 어떤 놀이에 남자를 '이용하는' 것은 분명하다. 어쩌면 여자는 못되게 군 남자 한두 명 때문에 남성 전체에 복수하고 싶어 하는지도 모른다. 그게 아니라면 자신이 유혹하는 그 남자에게 복수해야 하는 나름의 이유가 있는지도 모른다. 동기가 무엇이든, 아예 동기가 없든 다른 사람의 동의 없이 그 사람을 이용하는 행동이나 자기의 목적을 달성하기 위해 다른 사람을 단순한 도구로 간주하는 일은 다른 사람을 자유로운 존재로서 존중하지 않는 일이다.

자신의 자유를 존중하고 주장하는 일이 진정성 있는 일인 것과 마찬가지로, 다른 사람의 자유를 존중하고 주장하는 일 또한 진정성 있다고 할 수 있다. 그럴 마음도 없으면서 다른 사람에게 여지를 주고 애태우는 것처럼 다른 사람의 자유를 존중하지 않는 일은 일종의 자기기만에 빠지는 일이며, 진정성에서 멀어지는 일이다. 진정성은 개인적인 문제에서 그치지 않고 우리가 다른 사람과 맺는 관계에서도 나타나는 듯 보인다. 그렇기 때문에 우리의 윤리적 · 도덕적 행동은 '타자-관계 진정성(other-related authenticity)'이라고 정의할 수도 있을 것이다.

::종업원과 배우

사르트르는 《존재와 무》에서 자기기만에 빠진 또 다른 예로 종업원의 사례를 소개한다. 사르트르는 소설가로서 역량을 한껏 발휘하여 종업원의 활약을 생생하게 그려낸다. 종업원은 로봇처럼 딱딱하게 걷고 기계처럼 뻣뻣하게 움직인다. 종업원은 지나치게 민첩하게 다가서고 지나치게 열심히, 지나치게 주의를 기울여 손님을 접대한다. 그가 종업원으로 연기하고 있다는 인상은 분명하다. 사르트르의 종업원은 자기기만에 빠졌다는 해석이 일반적이다. 종업원은 종업원인 연기를 하면서 자신의 초월을 부인하고 사실성이 되려고 하기 때문에 자기기만적이라는 해석이다. 쉽게 말해 종업원은 종업원으로서 자기 역할을 과장되게 연기하면서 다른 사람과 자신에게 자신이 사람이 아니라 객체, '종업원인-것'이라는 사실을 이해시키려 한다는 것이다. '종업원인-것'으로서 종업원은 자신의 자유에서, 자유에서 비롯되는 불안에서 탈출하여 일종의 로봇 종업원, 종업원으로서 만들어진 사물 존재이자 종업원이 아니고는 아무것도 아닌 사물 존재가 된다. 종업원은 다른 사람을 위해 종업원의 역할을 하는 것이 아니라 '자신을 위해' 객체, 역할, 초월당한 초월이 되고자 한다. 종업원은 자기 신분과 일치되기 위해 노력한다. 그러나 종업원이 자기 신분이 되기 위해 노력해야 한다는 사실에는 종업원이 실제로는 종업원으로 '있을' 수 없다는 뜻이 내포된다.

자유로운 존재의 책임을 회피하기 위해 사물 존재가 되려고 노력하는 일은 자기기만의 한 형태임이 분명하다. 그것도 흔히 볼 수 있는 자기기만이다. 그러나 나를 포함한 몇몇 사르트르광은 사르트르의 종업원이 자기기만에 빠졌다는 해석에 반대한다. 사르트르의 종업원은 종업원인-것이 되려고 노력하지만, 자기기만에 빠지지 않았다는 주장이다. 종업원이 종업원인-것이 되려고 노력하는 의도 자체가 자유를 회피하기 위함이 아니기 때문이다. 논란의 여지가 있겠지만 제임스 본드를 연기하려고 노력하는 배우가 자기기만에 빠졌다고 할 수는 없다. 마찬가지로 종업원을 연기하려고 노력하는 종업원 또한 자기기만에 빠졌다고 할 수 없다. 사르트르가 종업원을 묘사한 방식을 주의 깊게 살펴보면 종업원은 배우와 마찬가지로 자신이 하는 일을 자각하고 있다는 점이 분명하게 나타난다. 종업원은 불성실하고 역설적인 의도를 품고 의식적으로 — 그러나 자신을 의식하지 않고 — 종업원 흉내를 낸다. 말 그대로 종업원은 '뺨에 숨겨진 혀(tongue in cheek)'(겉과 속이 다른 말 — 옮긴이)다. 종업원은 그럴듯하게 종업원 흉내를 내고 있다. 그럴듯한 흉내가 늘 그렇듯이 종업원은 그 자신보다 진짜 같을 정도다. 종업원은 흉내 내기에 능숙해진 나머지 종업원 흉내가 제2의 천성으로 자리 잡은 듯 보인다.

종업원 흉내가 제2의 천성으로 자리 잡았다고 해서 종업원이 바위가 바위로 있는 것처럼 자신이 종업원이 되었다고 믿는다는 뜻은 아니다. 그보다 자신의 연기에 심취할 때 자신이 연기한다는 사실을 의식하지 않는다는 의미에서 종업원은 자신의 연기가 되었다고 말하는 편이 옳을 것이다. 사르트르는 종업원이 "자기 신분을 가지고 놀며 자기 신분을 실현한다"[24]고 표현한다. 이 말은 종업원이 자기 신분이 되기 위해 그 신분을 연기하는 것이 아니라, 종업원의 신분은 오직 그 신분을 가지고 놀 때 실현될 수 있다는 의미다. 살펴보았듯이 인간은 결코 자신과 일치할 수 없으며, 한순간이라도 자신이 목표하는 존재가 될 수 없다. 종업원은 결코 자신이 될 수 없으며, 자신인 양 연기할 수 있을 뿐이다.

앞의 두 단락에서 유추하면 사르트르의 종업원은 자기기만에 빠지지 않았고, 사르트르가 말하는 '진정성'이 있는 듯 보인다. 진정성은 자기기만의 정반대에 있는 것이다. 종업원은 가벼운 여자와 다르게 자신의 사실성을 초월인 양 취급하거나 초월을 사실성인 양 취급하면서 현재 자신의 모습에서, 즉 자신이 자신의 사실성에 대한 초월이라는 사실에서 도망치려 하지 않는다. 종업원은 자신이 선택한 역할을 성실하게 수행하면서 자신이 처한 상황에 능동적으로 대응하기를 선택하고, 자신이 처한 현실에 모든 책임을 짊어지려 한다. 종업원은 사르트르가 《전쟁 일기(War Diaries)》에서 언급한 '상황-속-존재(being-in-situation)'를 포용하려고 노력한다.[25] 자기기만에 빠진 종업원은 '나는 종업원으로 일할 사람이 아니야'라고 생각하면서 어두운 표정으로 마지못해 일하는 종업원일 것이다. 자기가 손님을 접대하는 종업원이 되기로 '선택했으면서' 다른 장소의 다른 사람이기를 바라는 종업원이 자기기만에 빠진 종업원이다.

나는 10년 동안 학교에서 학생들을 가르쳤다. 초반 몇 년 동안 교사라는 직업이 질색이었고, 단지 돈을 벌기 위한 목적으로 겨우겨우 버텼다. 이건 내가 아니라는 생각을 멈출 수 없었다. 하지만 교사 일을 하고 있으니 나는 교사가 맞았다. 날마다 학생을 가르치는 일을 하면서 내가 작가나 스포츠 해설자, 영화배우 혹은 다른 직업에 종사하는 사람이라고 주장할 수는 없는 노릇이다. 나는 자기기만에 빠져 있었다. 진정성을 얻으려면 교사라는 역할에 한결같은 열정으로 나 자신을 쏟아붓거나, 마음을 다해서 할 수 있는 다른 일을 찾아야 했다. 당시 나는 교사만큼 수입이 좋은 일을 달리 찾을 수 없었기에 교직에 나 자신을 바쳐 열정을 다해보기로 결심했다. 처음에는 쉽지 않았지만 서서히 열정을 투자하는 만큼 더 많은 보상을 받을 수 있었고, 노력하는 내 모습에도 한층 만족했다. 더 나은 학교로 옮기면서 상황을 바꿔보려 한 일도 크게 도움이 되었다. 내가 처한 상황을 고의적으로 바꿔보는 일은 자기기만적인 행동이 아니며, 좀더 폭넓은 상황-속-존재를 손에 넣기 위한 방책이었다. 자기기만은 자신이 처한 상황에 징징대기만 하고 그 상황을 바꾸기 위해 아무런 행동도 하지 않는 것이다. 자기기만에 빠진 사람은, 교사든 종업원이든 버스 운전기사든 군인이든 영업 부문 중역이든 자신의 상황-속-존재를 포용하지 않는 사람이다. 상황-속-존재란 진정성을 성취하는 데 없어서는 안 될 요소며, 실존주의자가 되는 우리 목표의 중심에 놓여 있다. 상황-속-존재에 대한 실존주의 개념은 다음 장에서 더 자세히 살펴보자.

::동성애자와 성실성의 대표자 그리고 초월

사르트르는 《존재와 무》에서 동성애자의 사례를 들어 자기기만에 대해 설명한다. 그가 묘사하는 동성애자는 4부작 장편소설 《Roads to Freedom》에 등장하는 주인공 중 한 명인 다니엘 세레노를 닮았다. 사르트르의 동성애자는 자신의 성욕은 물론, 이 욕구에서 비롯되는 행동 자체를 부인하지 않는다. 그 대신 자기 행동의 '의미'가 동성애라는 사실을 부인한다. 그는 자신의 동성애적 행각에 책임을 지는 대신 그 행동이 내재된 성적 성향이 드러난 결과라는 사실을 인정하지 않으면서 자기 행동을 일탈 행동, 단순한 기행, 호기심 어린 행동일 뿐이라고 치부한다.

사르트르의 동성애자는 의자가 의자로 있다는 의미에서 자신은 동성애자로 있지 않다고 생각한다. 이런 생각은 인간은 결코 지금 그대로 있지 않고 오직 자신의 선택을 통해 만들어가는 존재로 있다는 점에서는 정당하다. 동성애자는 자신을 동성애자인-'것'으로 생각하지 않는다는 점에서 전적으로 옳지만, 동성애자의 행동이라고 규정된 행동을 한 이상 그는 동성애자가 맞다. 의자가 의자로 있다는 의미에서 그가 동성애자로 있지 않다고 할 수 있지만, 의자가 탁자로 있지 않다는 의미에서 그가 동성애자로 있지 않다고 할 수는 없다. 사르트르는 동성애자가 '있다'는 말을 희롱하고 있다고 말한다.[26] 동성애자는 교묘하게 '있는 그대로 있지 않다'를 '그가 아닌 것으로 있지 않다'는 의미로 해석한다.

동성애자는 자신을 둘러싼 여러 가지 사실이 존재한다는 것, 자신의 행동을 설명하는 적절한 이유가 있다는 것을 전적으로 부인하려 한다. 동성애자는 자신이 자신의 사실성이라는 점을 완전히 부인하려 한다. 하지만 동성애자가 '사실성으로 있어왔고', 사실성으로 '있었다'는 의미에서 영원히 사실성으로 '있을' 수밖에 없다는 진실은 변하지 않는다. 다시 말해 그의 사실성이 다른 누구도 아닌 '그의' 과거이기 때문에 동성애자는 자신의 사실성에 대해 영원히 책임져야 한다. 즉 동성애자는 사실성으로 존재한다는 의미에서 자신의 사실성이라 할 수 없지만 사실성이 그의 과거인 한, 그가 늘 초월하여 미래로 나아감으로써 자신의 것이라고 확인하는 과거인 한 그는 자신의 사실성일 수밖에 없다. 자기기만에 빠진 동성애자는 자신이 순수한 초월이라고 생각하면서 자신의 사실성, 자신의 과거는 모두 일반적으로 말하는 과거라는 완전한 무, 자신과는 하등 상관이 없는 무로 사라졌다고 생각한다. 그러나 실제로 동성애자는 순수한 초월은커녕 자신의 사실성'에 대한' 초월이며, 그래야 한다. 동성애자는 자기기만을 행사하면서 자신의 사실성과 초월을 멀리 떨어뜨리려 한다. 그러나 실제로 그의 사실성과 초월은 그의 과거와 미래만큼이나 딱 붙어 떨어질 수 없도록 묶여 있다.

동성애자에게는 성실성의 대표자라 할 만한 친구가 있다. 이 친구는 동성애자에게 자신의 정체에 솔직해질 것을 강력하게 요구한다. 흔히 말하듯 옷장에서 나와(동성애자들이 자신의 성 정체성을 밝히는 커밍아웃이란 말은 'come out of closet[옷장 속에서 나오다]'이라는 표현에서 유래 — 옮긴이) 동성애자라는 사실을 인정하라는 것이다. 성실성의 대표자는 이런 요구를 통해 동성애자가 자신을 단지 사실성으로, 즉 동성애자인-'것'으로 생각하게 하려고 한다. 성실성의 대표자는 동성애자에게 자신을 오직 사실성으로 생각하게 하면서 동성애자일 뿐 아무것도 아닌 것으로 정형화하려고 한다. 물론 동성애자는 동성애자로 있으며 '동성애자'라는 말은 그 사람을 표현하는 올바른 말이지만, 그 사람은 '동성애자'일 뿐이라고 할 수는 없다. 다시 한 번 강조하지만 동성애자는 오직 사실성으로 있지 않으며, 사실성의 초월로도 있기 때문이다. 성실성의 대표자는 동성애자가 스스로 '동성애자'라는 딱지를 붙이기 바란다. 동성애자를 동성애자로 정형화해 2차원적 존재로 떨어뜨리려는 성실성 대표자의 행동 뒤에는 동성애자를 독립적인 개인으로 존재하게 하는 자유의 차원을 거부하고자 하는 의도가 숨어 있다. 성실성의 대표자는 그렇게 하면서 동성애자를 초월하고, 동성애자를 초월당한 초월의 존재로 격하하려고 한다. 여기에서 우리는 다시 한 번 초월을 향한 투쟁을 목격한다. 실존주의 철학자들이 모든 인간관계의 중심이라고 주장하는 존재 사이의 필연적인 투쟁이다.

일반적으로 성실성은 정직과 근면의 한 형태로 칭찬 받을 만한 덕목이다. 그러나 사르트르는 특유의 급진적인 방식으로 성실성은 일종의 자기기만에 불과하다는 사실을 폭로

한다. 동성애자가 성실성의 대표자 말대로 자신에게 솔직해지라는 충고를 받아들여 동성애자라는 사실을 인정한다고 해서, "나는 있는 그대로 모습으로 있다"고 단언한다고 해서 자기기만을 극복하는 것은 아니다. 자신을 순수한 초월로 여기는 자기기만이 자신을 순수한 사실성으로 여기는 자기기만으로 바뀌는 것뿐이다. "나는 있는 그대로 모습으로 있다"고 단언하는 행동은 자신이 불명확하고 불확정적인 존재, 선택과 행동을 통해 끊임없이 자신을 창조해야 하는 존재라는 실존주의적 진실을 회피하면서 자신이 고정된 존재라고 생각하는 오류를 범하는 일이다. 짧게 말해 이는 나 자신이 실제로는 사실성에 대한 초월인데, 나 자신이 사실성이라고 단언하는 짓이다. 이것이 자기기만이다.

여기까지 설명한 성실성은 비교적 순진한 성실성이다. 사르트르는 한층 복잡하고 교활한 성실성을 소개한다. 좀더 복잡하고 교활한 성실성의 사례에도 "나는 있는 그대로 모습으로 있다"고 단언하는 사람이 등장한다. 하지만 여기에서 이 사람의 목적은 사물 존재, 있는 그대로 존재로 있는 것이 아니며, 오히려 "나는 있는 그대로 모습으로 있다"고 단언하는 행동 자체를 통해 있는 그대로 것과 자신의 거리를 두려는 것이다. 그는 자신을 어떤 것이라 선언하면서 자신이 선언한 그 어떤 것이 되려 하기보다 자신을 어떤 것이라 선언하는 사람이 되려 한다. 그는 이런 교활한 방식으로 자신을 어떤 것이라고 주장하는 행위를 통해 그 어떤 것으로 있는 일에서 도망치려 한다. 그 결과 그 사람은 자신이 아닌 그 어떤 것에서 거리를 둔 채 그 어떤 것을 생각하는 사람이 된다.

프레드는 "나는 정말 게을러" 하고 인정한다. 그 순간 프레드는 게으름에 대해 '책임'져야 하는 사람에서 자신이 게으르다는 사실을 인정하는 사람이 된다. 초월을 부인하면서 사실성이 되려고 하는 좀더 순진한 성실성을 채용한 사람과 달리 프레드는 사실성과 동떨어진 순수한 초월이 되려고 한다. 이 교활한 성실성을 가장 잘 보여주는 고전적인 예가 '고해'다.

우리는 죄를 고백하는 행동을 통해 자신의 죄를 생각하기 위한 대상으로 만든다. 죄는 우리가 죄에 대해 생각할 때만 존재하며, 죄에 대해 생각하기를 멈출 때 존재하기를 멈춘다. 죄를 고백하는 우리는 자신을 순수한 초월이라고 믿으면서 자신이 자유롭게 죄를 과거에, 고해소의 그림자 속에 남겨두고 앞으로 나아갈 수 있다고 믿는다. 무장해제 된 죄는 우리의 소유물도, 책임도 아니다. 이런 면죄를 위한 고해는 자기기만이다.

몇몇 종교에서는 이런 자기기만을 수세기에 걸쳐 남용해왔다. 자신들이 무료로 퍼뜨린 죄책감이란 질병의 치료약으로 개개인에 대한 고해와 죄 사함의 용역을 제공해온 것이다. 이렇게 병 주고 약 주는 마케팅 전략은 어느 시대나 효과적이다. 종교에서는 이런 전략으로 화려한 장식을 뽐내는 위압적인 건물을 지으려고 부를 축적해왔다.

잠깐 동성애자에게 이야기를 돌려보자. 동성애자가 자기기만에서 벗어나 진정성을 추구하기 위해서는 어떻게 해야 하는가? 어떻게 행동해야 하며, 어떤 삶의 방식을 도입해야 하는가? 동성애자가 자기 행동의 의미가 동성애라는 사실을 계속 부인한다면 자기기만에서 벗어나지 못하는 것은 분명하다. 또 자신이 동성애자, 동성애자인-'것'으로 있기 때문에, 마치 이런 성적 기호가 자신에게 동성애적 행동을 하도록 '강요한다'는 듯이, 자신의 행동에 책임질 필요가 없다고 주장한다면 자기기만에서 벗어날 수 없다. 자신이 동성애자'였다는' 죄를 고백한다고 해도 자기기만에서 벗어날 수 없다. 이는 더 이상 동성애자로 있지 않기를 바라는 교활한 방법이기 때문이다.

사르트르의 가벼운 여자와 마찬가지로 동성애자가 자기기만에서 벗어나는 길은 그리 복잡하지 않다. 하지만 동성애자에게 이 길을 선택하기로 결심하는 일은 개인이나 사회적 차원에서 결코 쉽지 않다. 동성애자는 자신이 동성애자라는 사실을 인정해야 한다. 그 인정하는 방식은 스스로 '동성애자인-것'이라는 딱지를 붙이는 방식이 아니라 자기 행동의 의미가 동성애라는 사실을 인정하는 방식이어야 한다. 동성애자가 자기 행동을 스스로 '선택한다'는 사실을 인정하는 일이 가장 중요하다. 다른 방식으로 행동하기로 선택할 수도 있지만 그렇지 않은 것이다. 동성애자는 자기 행동에 책임이 있다. 그리고 동성애자가 진정성에 도달하기 위해서는 자기 행동에 '기꺼이 책임져야' 한다. 동성애적 성향이 자신의 일부이며, 앞으로도 그럴 것임을 인정해야 한다. 동성애를 자기 것으로 받아들여야 한다는 말이다.

다르게 주장하는 사람도 있겠지만, 사르트르가 말하는 동성애자의 가장 심각한 문제는 동성애자로 있기를 바라지 않으면서도 동성애자가 하는 행동을 선택한다는 점이다. 사르트르의 소설 속 주인공 다니엘 세레노한테 이런 문제가 있다는 사실은 거의 확실하다. 다니엘은 미국인이라면 "정신적으로 갈등하고 있다"고 말할 법한 인물이다. 다니엘에 대해 더 많은 걸 알고 싶다면 《Roads to Freedom》을 읽어보기 바란다. 사르트르의 동성애자가 자기기만을 극복하고 싶다면 정서적으로 용납하기 어려운 한 걸음을 내디뎌야 한다. 그 한 걸음은 자신의 욕망과 자신이 선택한 행동으로 정의되는 동성애자로 존재하기를 원하는 일이 될 것이다. 동성애자는 자신의 동성애적 성향을 유감스럽게 생각하는 대신 그 사실을 긍정하기로 결심해야 한다. 진정한 실존주의자가 되기 위해서 우리는 자신의 행동 방식에 대해 이리저리 변명을 늘어놓고 자신의 모습을 후회하는 대신, 행동을 선택하는 방식으로 만든 자신의 모습을 진심으로 원해야 한다. 진정성은 후회하지 않는 자세와 밀접하게 관련된다. 여기에 대해서는 다음 장에서 자세히 살펴볼 것이다.

동성애자 혼자서 이렇듯 삶의 방식을 통째로 바꾸는 일은 아주 힘들다. 여기에는 도움의 손길이 필요할 것이다. 동성애자는 실존주의 상담사에게 도움을 받을 수 있을지도 모른다. 그렇다. 이 세상에는 실존주의 상담사라는 인종이 존재한다. 실존주의 상담사는 사르트르가 발명하고 정신과 의사 R. D. 랭 박사가 발전시킨 '실존주의 정신분석'이라는 방식을 사용한다. 실존주의 상담사는 모두 빈틈없는 현실주의자들이지만 그렇다고 공감 능력이 떨어진다든가, 고객의 문제를 남의 일 보듯 하지는 않는다. 실존주의 상담사는 인간 현실에 대한 통찰을 이용하여 사람들이 자신의 정신적 장애를 극복하고 더 성실하고 능동적으로 후회에 시달리지 않고 살아갈 길을 '스스로 찾을 수 있도록' 돕는 사람들이다.

어떤 의미에서는 이 책 또한 실존주의자가 되는 방법을 조언, 즉 상담해준다는 의미에서 실존주의 상담사의 역할을 한다고 말할 수 있다. 물론 이 책을 읽으며 실존주의 상담을 받는다면 가죽 의자에 앉아 고개만 끄덕이는 인형에게 시간당 50파운드를 지불하지 않아도 좋다. 그렇다고 굳이 돈을 기부하고 싶다면 마다하지는 않겠다. 5장에서는 실존주의 상담에 대해 중점적으로 이야기할 것이다.

:: 고의적인 무지

사르트르는 《존재와 무》를 출간하고 몇 년 뒤에 쓴 《Truth and Existence(진실과 실존)》에서 다시 한 번 자기기만에 대한 주제를 다룬다. 그는 사람들이 진실을 외면하고 자신이 처한 현실에 눈을 뜨지 않고 남아 있기 위한 방법으로 사용하는 회피와 자기 분산 전략을 탐구하면서, 자기기만의 중심에는 책임을 회피하려는 고의적인 무지가 있다고 주장한다. 사르트르는 무지가 인식의 결여가 아니라는 사실을 지적한다. 실제로 무지는 일종의 지식이라 할 수 있다. 현실을 무시하려는 선택은 그 행동 자체로 현실이 인식할 수 있는 것이라는 점을 증명한다. 사르트르는 "기투로서 무지 자체는 지식의 한 형태다. 내가 존재를 무시하기를 원한다면 이는 존재가 인식할 수 있는 것이라는 사실을 내가 인정하기 때문이다"[27]라고 말한다. 고의적인 무지를 불러일으키는 동기는 우리가 언제 어디서고 냉혹한 현실에 대한 인식과 마주칠 수 있다는 두려움과 불안이다. 사르트르는 니체와 마찬가지로 진실을 아는 일, 사물의 존재 양식을 아는 일, 인생을 있는 그대로 직시하는 일에 필요한 능력은 뛰어난 지적 능력이라기보다 오히려 현실과 마주할 수 있는 용기와 성실함이라고 생각한다.

사르트르는 결핵에 걸린 여자의 사례를 들어 자기기만과

고의적인 무지에 대한 이론을 펼친다. 이 여자는 피로감이 들고 몸무게가 줄고 밤에 땀을 흘리고 가슴이 아프고 피를 토하는 모든 증상에도 자신이 결핵에 걸렸다는 사실을 인정하지 않는다. 여자는 이 증상들을 따로 생각하면서 전체적인 의미를 부인한다. 여자는 병원에 갈 시간이 없을 만큼 바쁘게 다른 활동에 몰두한다. 자신이 처한 상황이 강요하는 선택에서 도망쳐 정신을 분산하기 위한 활동이다. 여자는 자기 몸에 나타나는 증상을 통해 새로운 인식의 문 앞에 서지만, 무지의 길을 택하고 만다. 새로운 인식에서 비롯될 책임, 치료법을 찾는 등 결핵에 대처하고 싶지 않기 때문이다. 자신이 처한 상황과 마주하기를 거부하고, 책임을 분산 · 회피한다는 점에서 이 여자는 가벼운 여자와 비슷하다. 사르트르에게 고의적인 무지와 무책임을 피하면서 인간 현실 — 인간은 신이 존재하지 않는 우주에서 유기된 존재, 자유로운 존재, 책임져야 하는 존재, 도덕적인 존재라는 등 — 에 대한 실존주의적 진실을 용기 있게 받아들이는 일은 곧 진정성을 택하고 자기기만을 극복하는 일이다.

사르트르의 문학작품, 특히 그가 쓴 소설과 희곡에서는 자기기만에 빠진 사람이 '자신이 태어난 것을 모르거나' 좀 더 정확하게는 '자신이 태어난 것을 모르는' 사람이 자기기만에 빠지는 일이 비일비재하다. 사르트르는 인간에게 인생이 무엇인지 있는 그대로 마주하기를 거부하는 경향이 널리 퍼졌다고 생각한다. 이런 경향은 인간 조건에 대한 가혹한 실존주의적 진실을 모른 척하려는 절박하고도 때때로 폭력적인 노력의 일환이다. 우리가 무시하고 거부하려고 노력하는 가혹한 실존주의적 진실 중에는 사르트르가 '우연성(contingency)'이라 부르는 것이 있다. 자기기만에 대해 더 많은 것을 배우고 인간 행동의 면면을 전반적으로 이해하기 위해서는 우연성이라는 개념과 우연성을 대하는 인류의 여러 가지 행동을 살펴봐야 한다. 우연성을 대하는 우리의 행동은 대개 진정성과 거리가 멀기 때문이다. 그렇다면 우연성이란 무엇인가.

:: 우연성, 구토, 자기기만을 소화하는 실존주의적 소화제

우연성은 우연적 · 우발적인 상태를 의미한다. 우연적인 것은 무엇이든 필연적이지 않으므로 존재할 필요가 없고, 꼭 어떤 식으로 존재해야 한다는 법도 없다. 사르트르는 우연성을 세계를 구성하는 근본적 차원, 존재 전체에 대한 기본적 사실이라고 규정한 다음 우연성을 둘러싼 현상을 구체적으로 탐구한다. 특히 사르트르가 집필 기간 동안 '우연성에 대한 진술서'라는 별명을 붙인 소설 《구토(Nausea)》에서는 우연성에 대한 탐구가 한층 부각된다. '진술서'는 사르트르가 일종의 무자비한 분석이라는 의미로 택한 표현이다.

사르트르에 따르면 존재는 창조되지 않으며, 존재하기 위해 무엇에 의존하지 않으면서도 필연적이지 않다. 존재는 존재할 수밖에 없는 것은 아니며, 존재가 반드시 어떠해야 한다는 것을 지시하는 논리나 물리 원칙도 없다. 존재는 존재하지만 필연적이지 않으며, 필연적이지 않게 존재하므로 우연적이다. 사르트르에게 존재는 부조리하게 여분으로 있다는 의미에서 우연적이다. 존재는 존재할 필요가 없는데도 존재하는, 이 우주에서 일어난 괴이하고 우연적인 사건이며, 아무런 목적이나 이유도 없이 존재하는 여분이다.

인간 의식은 존재가 부조리하고 의미 없고 우연적이며 여분이라는 사실을 자각하면서 메스껍고 두려운 감정을 느낀다. 사르트르는 이 메스껍고 두려운 인식을 '구토'라 부른다. '구토'는 곧 사르트르가 쓴 가장 위대한 걸작의 제목이다. 심지어 인간의 의식은 이 세상의 우연적인 존재보다 우연적이다. 의식은 그 자체에는 아무것도 있지 않으며, 단지 우연성과 '관계'로, 근거 없는 무언가의 단순한 반향으로 존재하기 때문이다. 구토에 시달리는 까닭은 무방비의 여분의 존재라는 무시무시한 상태를 경험하기 때문이다. 이런 여분의 존재는 그의 주변에 존재할 뿐만 아니라 그 자신이기도 하다. 그의 마음과 몸도 여분이다.

《구토》의 주인공 앙투안 로캉탱의 말에 따르면 "좋지 않다. 전혀 좋지 않다. 알아냈다. 이건 그 고약스러운 것, '구토'다. 이번엔 새롭다. 카페에서 구토를 느낀 것이다. 사람이 많고 밝은 카페는 지금껏 내 피난처가 되어주었는데".[28] 실존주의시(市)의 시민이자 코미디언 우디 앨런(Woody Allen)은 단편집 《Side Effects(부작용)》에서 자동차 휠캡만 한 알약을 실존주의적 소화제로 추천한다. 이 소화제는 카페나 공원, 길거리, 버스, 사람 혹은 인생 전체의 우연성에 대한 과잉 인식으로 실존주의적 구토 증상이 일어날 때 먹으면 좋다. 우디 앨런에 따르면 멕시코 음식을 먹은 뒤에도 효과가 있다고 한다.

인간 사회에서는, 또 인간은 끊임없이 이 세계에 의미와 목적을 부여하면서 우연성을 억압하기 위한 노력을 멈추지 않는다. 우리는 사물에 이름을 붙이고 분류한다. 우리는 어느 사물에 이름을 붙이는 행위를 통해 그 사물을 이해했다고, 그 사물에 의미를 부여했다고, 그 사물의 정수를 파악했다고 믿는다. 그런 일을 통해 이름 없는 존재의 무방비한 우연성을 제거했다고 믿는다. 우리는 모두 그런 짓을 한다. 우리는 정원에서 낯선 벌레를 보면 《Collins Complete Guide to Wildlife(콜린스 야생동물 백과)》에서 그 벌레의 이름과 학명을 찾아보고 그 벌레가 무엇인지 알아냈다는 점에, 그 벌레를 이해하고 제자리를 찾아주었다는 점에 만족한다. 하지만 이렇게 이름을 붙여준다고 해서 정말 그 벌레의 존재가 덜 괴이하고 덜 우연적인 우주적 사건이 될 수 있는가?

실존주의 철학자가 말하는 진실은 이렇다. 존재는 오직 다른 존재에 대해 의미와 목적을 지닌다. 그리고 이 세계 전체는 궁극적으로 아무런 의미가 없는 우리 행동이 부여하는 상대적인 의미와 목적을 지닌다. 사물을 그 자체로 놓고 본다면, 그러니까 사물에 기능을 부여하는 체계와 사물을 설명하고 정당화하는 의미의 틀에서 떼어놓고 본다면 우연성이 있는 사물은 괴이하고 이상하고 심지어 불안할 정도로 헤아리기 어려운 존재다. 사르트르에게 우연성은 신비로운 것이며, 우연성을 자각하는 일은 곧 존재의 헤아릴 수 없는 신비를 인식하는 일이다.

실존주의와 신비주의에는 비슷한 구석이 없지 않느냐는 생각이 든다면 어디 한번 생각해보자. 니체에게 막대한 영향을 미치고 실존주의에도 전반적으로 큰 영향을 남긴 철학자 쇼펜하우어는 불교에서 큰 영향을 받았다. 불교와 실존주의는 삶에 접근하는 방식이 아주 비슷하다. 어떤 면이 어떻게 비슷한지 제대로 설명하려면 책 한 권을 더 써야 하기에, 이 주제를 다룬 훌륭한 책 두 권을 소개한다. 데이비드 로이(David Loy)가 쓴 《Lack and Transcendence : The Problem of Death and Life in Psychotherapy, Existentialism and Buddhism(결핍과 추월 : 심리 치료에서 삶과 죽음의 문제, 실존주의 그리고 불교)》, 스티븐 레이콕(Stephen W. Laycock)이 쓴 《Nothingness and Emptiness: A Buddhist Engagement with the Ontology of Jean-Paul Sartre(무와 공 : 사르트르의 현상학과 불교)》는 불교와 실존주의의 관계를 파악하기에 좋은 책이다. 이 책을 다 읽으려면 한동안 바쁘게 지내야 할 것이다.

사르트르는 우리가 《구토》의 주인공 앙투안 로캉탱처럼 강박적으로 우연성에 대해 고민하면서 이 의미 없고 부조리한 세상을 영원의 측면에서 살아가려고 분투해야 한다고는 하지 않는다. 그렇게 살다가는 미쳐버리고 말 테니까. 사르트르 자신도 다른 사람들처럼 살고 행동했다. 대다수 사람들이 그렇듯이 사르트르도 눈앞에 놓인 일에 관심을 쏟으면서, '자기 일을 하는' 일상에 몰두하면서 사고의 균형 감각을 유지했다. 사르트르에게 '자기 일'이란 주로 카페에서 노닥거리거나 글을 쓰거나 두 가지를 같이 하는 것이었다. 사르트르는 쇼핑하면서 스트레스를 푸는 일에도, DIY에도 별 관심이 없었다. 그는 아마 일생 동안 잔디를 깎아본 적도, 세차해본 적도 없을 것이다. 그런데도 늘 바빴다.

사르트르는 우리가 늘 우연성에 대해서만 고민할 필요는 없지만, 조금이라도 진정성에 도달하고 거짓으로 살아가지 않기 위해서 가끔은 우연성을 인식하거나 배경 지식으로 우연성을 알아야 한다고 생각했다. 사르트르 철학의 두드러진 특징은 인생의 우연성을 전혀 인지하지 못하는 사람들에게, 특히 중산층(부르주아)에게 변함없는 증오와 경멸을 보인다는 점이다. 사르트르 철학에서는 삶의 우연성을 힐끗 본 뒤 겁먹고 도망치는 사람들을 경멸한다. 이런 사람들의 근본적인 기투는 자기기만으로 몸을 피해 자신의 우연성과 세계의 우연성에서 도망치는 것이다.

이런 사람들은 자기기만에 빠져 중얼거린다. 이 세상은 우연히 생겨난 것이 아니며, 인간을 중심으로 창조된 것이라고. 이들은 자기 안에 영원히 변치 않는 본질이 있는 것, 자신의 존재가 필연적이라는 것, 어쩌다 보니 생겨난 존재가 아니라 신 혹은 하늘의 뜻에 따라 생겨난 존재라는 것을 당연한 사실로 받아들인다. 이 사람들의 생각에 자신이 수용한 윤리적 · 사회적 가치는 당연히 객관적이고 절대적이며, 의문을 제기할 여지 하나 없는 것이다. 사회는 이런 절대적인 가치에 뿌리내리고 존재하며, 이 사회의 존재 방식으로는 한 가지 현실만 가능하다. 그러므로 타인에게 존중받을 자신의 절대적인 권리를 주장하고 타인의 존중을 통해 자신의 필연성에 대한 환상을 유지하기 위해 이들이 할 일은, 사회에서 자신에게 주어진 역할을 의무적으로 수행하고 자신을 그 역할과 완전히 동일시하는 것뿐이다.

이런 사람은 다른 사람이 자신을 어떻게 보는가에 따라 자신을 판단하는 법을 익히면서 어떤 철학적 방식으로도 자신에 대해 생각하려 하지 않는다. 자기 존재의 기이함과 우연성에 대해 곱씹어 생각하는 일은 엄격하게 금지된다. 그들은 존재는커녕 아무것에 대해서도 전혀 생각하려 하지 않으며, 생각한다고 해도 일상적이고 상투적인 수준에서 벗어나지 못한다. 이런 사람들은 말하는 것을 들어보면 바로 구별할 수 있다. 이런 사람과 이야기를 나눠보면 일상적인 사실을 언급하는 것 말고는 어떤 토론이나 분석, 성찰, 상상력도 금하는 각본에 따라 대화하는 듯한 기분이 든다.

실존주의 철학자 키르케고르는 '객관적 광기'라 이름 붙인 병에 걸린 사람들에 대해 썼다. 객관적인 광기에 걸린 사람은 진정한 의미에서 '존재'하지 않는다. 이들은 자신을 사실로 가득 채워서 객관성에 자신을 고스란히 내어주고 말았기 때문이다. 이들은 심지어 자신마저 또 다른 사실이라고 여기는 지경에 이른다. 키르케고르는 객관적 광기를 '주관적 광기'와 비교한다. 여기에서 주관적 광기는 일반적으로 알려진 정신이상을 의미한다. 키르케고르는 객관적 광기에 걸린 사람은 주관적 광기에 걸린 사람에 비해 인간이라고 하기에 한참 부족하며, 영혼도 한참 모자라다고 생각한다. 주관적 광기에 걸린 사람은 너무나 인간적이다. 광기가 그 사람의 살아 있는 영혼을 드러내기 때문이다.

주관적 광기에 시달리는 인물의 대표적인 예로 돈키호테를 들 수 있다. 객관적 광기에 걸린 인물의 대표적인 예는 전 영국 총리 마거릿 대처(Margaret Thatcher)가 있다. 하긴 정치인이라면 객관적 광기의 진단 기준에 부합되게 마련이다. 주관적 광기에 시달리는 돈키호테는 소설 속 인물이지만, 어떤 의미에서 마거릿 대처보다 훨씬 현실적이다. 키르케고르의 표현을 빌리면 "우리는 미친 사람(주관적 광기에 시달리는)의 눈을 들여다보기 주저한다. 그 눈 속에서 정신착란의 깊이를 잴까 저어하기 때문이다. 반면 우리는 미친 사람(객관적 광기에 시달리는)의 눈을 감히 들여다보지도 못한다. 그 사람의 눈이 유리 눈알이며, 머리카락이 양탄자 누더기로 만들어졌다는 걸 볼까 두렵기 때문이다. 한 마디로 그 사람이 인공물이라는 사실을 알까 두렵기 때문이다".[29)]

:: 콧수염과 '살로'

사르트르의 작품에서 키르케고르가 '객관적 광기'라 이름붙인 병에 걸린 사람들은 대개 콧수염을 기르고 등장한다. 사르트르에게 콧수염은 내면의 삶이라고는 찾아볼 수 없는, 생각 없이 사는 사람의 상징이다. 콧수염을 기른 사람은 자신의 콧수염을 적어도 다른 사람이 보는 만큼은 보지 못한다. 그러므로 콧수염은 다른 사람을 위해 존재하며, 콧수염을 기른 사람은 자신을 위해 존재하기보다 다른 사람을 위해 존재하기로 선택한 사람이다. 사르트르 생각에는 사회적 역할로 '있기' 위해 노력하는 것이 부르주아의 전형이라면, 콧수염은 속물적이고 자기만족적이고 체면 차리는 보수적인 중산층 신사의 상징이다. "훌륭한 신사는 레지옹 도뇌르 훈장으로, 콧수염으로 존재한다. 그게 전부다. 레지옹 도뇌르 훈장과 콧수염만으로 존재한다는 것은 얼마나 행복한 일인가. 아무도 그 나머지를 보지 않으며, 신사 자신도 코 양옆으로 튀어나온 콧수염의 끝부분밖에 보지 못한다. 나는 생각하지 않는다. 그러므로 나는 콧수염이다."[30)]

사르트르가 콧수염을 기른 사람에게 너무 심한 말을 하는지도 모르겠다. 그가 크고 사내다운 콧수염을 기르지 못해 샘을 내는지도 모른다. 역사에서는 콧수염을 길렀지만 진정성을 성취하고 진정한 실존주의자로 산 인물이 수없이 많다. 하물며 니체 또한 커다란 콧수염을 길렀다. 그렇다고 해도 진정한 실존주의자가 되려고 노력하는 중에 콧수염을 기르려 한다면 그 이유를 곰곰이 생각해볼 필요가 있다. 그러니까 얼굴 다른 부분은 면도하면서 입술과 코 사이에 수염을 남겨두는 이유를 자신이 이해해야 한다는 말이다. (턱수염에 대해 사르트르가 뭐라고 생각했는지는 나도 잘 모르겠다.)

그렇다고 얼굴에 난 수염을 모두 밀어야 한다는 말은 아니다. 진정한 실존주의자가 되는 일이 얼굴에 털이 있고 없는 것처럼 사소한 규칙에 따라 결정될 만큼 쉽다면, 이 세상에는 실존주의자가 넘쳐나 세상을 뒤집고 말았을 것이다. 하지만 현실에서 실존주의자는 멸종될 지경인데다, 그나마 싸구려 카페와 초라한 다락방에 몸을 숨기고 있는 실정이다. 다시 한 번 강조하건대 실존주의자가 되기 위해서 중요한 것은 무엇을 하는가보다 그 일을 하는 자세다. 항상 그렇듯이 '선택'은 우리의 몫이다.

사르트르는 우연성을 극단적으로 부정하는 사람들, 극심한 자기기만에 빠진 사람들을 '살로(salaud)'라고 부른다. 프랑스어 salaud는 '개자식' '비열한 작자'라는 뜻이다. 사르트르는 〈어느 지도자의 유년 시절(The Childhood of a Leader)〉이라는 훌륭한 단편에서 전형적인 살로가 어떻게 형성되는지 자세히 묘사한다. 살로는 진정한 실존주의자와 가장 거리가 먼 사람이라고 생각하면 될 것이다.

〈어느 지도자의 유년 시절〉에서 사르트르는 특권층 부르주아 뤼시엥 플뢰리에의 정서적 · 심리적 · 사회적 · 성적 · 윤리적 성장 과정을 아기 시절부터 어른이 될 때까지 발자취를 더듬어 탐색한다. 뤼시엥은 어린 시절과 사춘기에 걸쳐 자신이 누구인지 이해하고, 자신을 찾아 규정하기 위한 탐색을 벌인다. 자꾸 느껴지는 막연하고 공허한 기분에서 벗어나기 위한, 자신에게 견고함과 현실감을 부여하기 위한 탐색이다. 뤼시엥은 자신이 불명확하고 우연적인 존재라고 느끼면서 그것으로 있다는 의미에서 자신은 아무것으로도 있지 않다는 실존주의적 진실을 깨닫는다. 다른 모든 이들처럼 뤼시엥 또한 그 자신으로 있는 것을 연기해야 한다. 뤼시엥이 단순히 그 자신으로는 '있을' 수 없기 때문이다. 하지만 다른 사람이 다 그렇듯이 뤼시엥 또한 자신의 우연성이 의미하는 바를 좋아하지 않는다. 우연성이 불편하고 불안할 뿐이다. 뤼시엥은 자라면서 우연성을 극복하기 위해 여러 가지 전략을 시도한 끝에 결국 깊은 자기기만에 빠져 사고하고 행동하기를 선택한다. 자신의 필연성과 확실성에 대한 환상을 믿는 자신을 만들어낸 것이다.

뤼시엥은 10대 무렵 어쩌다 맺은 동성애 관계에 대한 책임을 지그문트 프로이트의 사상 탓으로 떠넘긴다. 공교롭게도 프로이트는 유대인이다. 반유대주의적 환경에서 성장한 뤼시엥이 프로이트의 위험하고 변태적이며 유대인적인 사상 탓에 자신의 건전한 도덕심이 타락하여 잠시 동성애에 발을 담근 것이라고 합리화하는 일은 그리 어렵지 않다. 뤼시엥은 동성애적 욕망에서 눈을 돌리기 위해 반유대주의 사상을 끌어들인다. 그가 정말 두려워하고 증오하는 대상은 자신의 욕망이지만, 그 욕망을 증오하는 일은 곧 자신에게 그런 욕망이 있다는 사실의 인식으로 이어질 것이므로 뤼시엥은 대신 유대인을 증오하기를 선택한다.

뤼시엥은 가족의 부에서 비롯되는 안정감과 사회적 지위를 이용하면서 아버지의 공장을 물려받아 공장 일꾼들에게 존중받을 날을 손꼽아 기다린다. 또 아버지의 친자본주의와 국수주의적 사상은 물론, 반유대주의 사고방식을 그대로 차용한다. 뤼시엥은 프랑스 파시즘 운동에 발을 들이고, 인종적 이유로 이민자를 공격하여 때려눕히는 일에 동참한다. 이 폭력적이고 남성 중심적이며 반인텔리적인 부족의 일원으로 인정받으면서 뤼시엥은 힘을 손에 넣었다는 자부심과 소속감에 젖는다. '개인적인' 정체성을 찾아 헤매던 소년은 집단에 소속됨으로써 인증 받은 정체성을 기쁜 마음으로 받아들인다.

뤼시엥은 유대인을 지독하게 경멸하면서 자신이 과거에 저지른 행적의 책임을 뒤집어씌울 희생양을 찾는다. 동료 파시스트 사이에서 유대인을 경멸하는 행위는 영예로운 상징으로 인정받는다. 뤼시엥은 유대인을 경멸하면서 동료 파시스트의 인정을 구하는 동시에, 자신을 좀더 중요하고 실질적인 사람으로 생각하기 위한 수단으로 경멸감을 이용한다. 뤼시엥은 자신이 경멸 받는 민족이 아니라는 사실, 훌륭한 이름을 물려준 존경 받는 조상을 둔 프랑스인이라는 사실을 자랑스러워한다. 뤼시엥은 그 자체로는 사리에 맞지 않고 근거도 없는 반유대주의를 통해 신념 있는 사람으로 거듭난다. 뤼시엥은 신념을 통해 자신의 존재 의의를 찾고 존재의 확실성을 획득하며, 다른 사람의 존중을 요구한다.

뤼시엥이 자신의 예쁘장하고 어려 보이는 얼굴에 불만을 품고 콧수염을 기르기로 결심하는 순간, 자아상의 변모와 더불어 그릇된 객체-자아의 형성이 마침내 완성된다. 윤리적으로 모순되고 비겁한 자기기만으로 빠져드는 기나긴 여정을 끝마친 것이다. 뤼시엥은 이제 완전한 '살로', 머리부터 발끝까지 완전한 개자식이 되었다. 뤼시엥은 자신의 존재가 필연적인 것이라고, 신과 국가에 의해 부여 받은 신성한 '권리'가 있다고 자신을 합리화한다. 이를테면 이의를 용납하지 않는 의견과 편견을 지닐 권리, 자신보다 사회적 지위가 열등한 사람들의 존중으로 자신의 필연적인 존재를 확인 받을 권리 같은 것이다.

살로에 대한 사르트르의 경멸감은 《구토》의 주인공 앙투안 로캉탱이 부빌시에서 신분이 높고 의무에 충실한 조상들의 과시적인 초상화를 보기 위해 시립 박물관에 방문한 순간 절정에 이른다. 사르트르는 자신이 몇 년 머무른 적이 있는 르아브르의 항구를 모델로 삼아 부빌시를 묘사한다. 앙투안은 초상화가 공허하고 교만하며 불합리한 거짓이라는 사실을 깨닫는다. 조상들은 현실의 삶에서 존재한 모습보다 크고 위엄 있는 인물, 부유하고 중요한 인물로 묘사된다. 부빌시의 조상들은 이런 식으로 자기 초상을 그리게 하면서 자신이 다른 사람과 자신에게 필연적이고 필요 불가결한 존재라는 것, 이 우주 이 사회 안에서 신에게 부여받은 위치가 있다는 것, 무엇보다도 자신에게 '권리'가 있다는 것을 이해시키려고 한다. 아이리스 머독(Iris Murdoch)은

《Sartre: Romantic Rationalist(사르트르, 낭만적인 이성주의자)》에서 이렇게 표현한다. "그들의 얼굴은 권리로 빛나고 있었다. 그들의 인생에는 실제로 '부여받은' 의미가 있다. 혹은 그들은 그렇게 상상했다. 여기에 그들이 있다. 화가의 능력이 허용하는 한 필연성의 온갖 의미를 덧붙인 채로."[31)]

조상들은 세상을 떠났는데 아직도 이 세계에 자신의 우위와 권리를 주장한다. 초상화는 이 사람들이 정말로 죽은 게 아니라 더 높고 고상한 사회 계급으로 이행한 것뿐이라는 거짓말을 하고 있다. 말하자면 특급 부르주아다. 이들은 〈몬티 파이튼〉(1970년대 기발한 상상력으로 유명한 성인 코미디 영화—옮긴이) 시리즈 중 〈삶의 의미(The Meaning of Life)〉에 등장하는 중산층 계급을 닮았다. 연어 무스를 먹고 식중독으로 죽은 뒤 사신이 목숨을 거두러 오자, 이들은 볼보와 로버, 포르셰를 몰고 중산층 천국으로 향한다. 물론 부부 한 쌍에 차 한 대씩이다. 마지막 여행길에 차를 나누어 타는 일은 생각조차 할 수 없으니까. 덧붙이자면 영화에 등장하는 중산층 천국은 언제나 크리스마스이며, 커다란 유흥 센터가 잘 갖춰진 특급 호텔이다.

'살로'와 자기기만의 특징은 사르트르의 《구토》에서 부빌 시의 저명한 인사로 등장한 고(故) 장 파콤에 대한 앙투안의 넋두리에 집약되어 나타난다.

> 나는 존재할 권리가 전혀 없었다. 나는 우연히 나타나 마치 돌처럼, 풀처럼, 세균처럼 존재했다. …그러나 지금은 죽고 없는, 결점이라고는 찾아볼 수 없는 이 잘생긴 남자, 국방군 파콤의 아들 장 파콤에게 그것은 전혀 다른 문제였다. 심장의 고동 소리, 신체 기관이 움직이는 둔탁한 소리는 순수하고 즉각적인 작은 권리의 형태로 다가왔다. 그는 60년 동안 한순간도 빼놓지 않고 살아갈 권리를 행사했다. 그 커다란 회색 눈동자가 조금이라도 의심으로 흐려진 적은 한 번도 없었다. 또 파콤은 살면서 한 번도 실수하지 않았다.[32)]

사르트르는 삶에 아무 의미도, 목적도 없다는 사실을 늘 인식하고 살아가는 사람으로서 '살로'들이 자기 삶에 의미와 목적을 부여하기 위해 끌어들이는 거짓과 자기기만에 주의를 기울인다. 사르트르의 분신인 앙투안은 일요일 아침 고급 상점이 늘어선 투른브리드가에서 시간을 때우기 위해 바보스럽게 모자를 들어 올리며 인사하고, 쓸데없이 잡담을 나누는 사람들에게 경멸밖에 느낄 수가 없다. "모자가 보인다. 모자의 바다다. 대개는 검고 단단한 모자다. 때때로 손이 모자를 들어 올리면 두개골이 부드럽게 번득인다. 잠시 어설프게 떠 있던 모자는 제자리로 돌아간다. …'안녕하세요, 안녕하세요. 어떻게 지내십니까? 모자를 도로 쓰세요. 감기에 걸리겠어요. 감사합니다, 부인. 날씨가 따뜻하지는 않네요.'"[33]

물론 삶이 완전히 무익하고 무의미한, 우주에서 일어난 우발적인 사고에 불과하다면 모자를 들어 올리는 인사와 쓸데없는 잡담이 다른 어떤 일보다 불합리하다고 할 수 없다. 오히려 아무 의미도 없는 탄생에서 아무 의미도 없는 죽음에 이르는 시간을 때우는 좋은 방법일 수도 있다.

사르트르는 부르주아 환경에서 성장했기 때문인지 중산층의 두드러진 특징이라 할 수 있는 자기기만에 시종일관 경멸의 감정을 감추지 않는다. 그런데 생각해보면 일상 수준에서 일어나는 자기기만이 뭐가 그렇게 나쁘단 말인가. 우리는 자기기만을 방어 전략으로 삼는다. 자기기만은 앙투안의 인생을 그토록 비참하게 한 불안의 방호책이 되어준다. 심지어 진정성의 제왕이라 할 수 있는 니체마저 《선악의 저편》에서 이렇게 인정한다. "시야를 좁히는 일, 어떤 의미로는 어리석음이라 할 수 있는 일은 삶과 성장을 위한 조건이다."[34]

'자기기만이 뭐가 그렇게 나쁘단 말인가?' 사르트르라면 이 질문에 단호하게 대답할 것이다. 자기기만에 빠지는 일은 무분별하고 게으르며 삶을 부정하는 행위다. 자기기만은 자유롭고 진정한 인간의 영혼을 짓누른다. 자기기만은 이 세상에 너무나 많은 문제와 분쟁과 고통을 초래하는 위선과 무책임의 중심, 새로울 것도 없는 악의 축이다. 역사는 부정과 폭력으로 점철되었다. 대개는 평범한 사람들, 자기기만에 깊이 빠져 행동하던 사람들이 저지른 부정과 폭력이다. 이들은 자기기만에 빠져 흔해빠진 변명을 늘어놓았다. "나는 내 일을 했을 뿐이에요." "명령에 따랐을 뿐입니다." "그들이 나한테 그렇게 하라고 했어요." "어쩔 수 없는 일이었어요."

* * *

이 장에서 나는 진정한 실존주의자가 되고 싶다면 반드시 '피해야' 하는 마음가짐과 행동을 대략적으로 설명했다. 이제 진정한 실존주의자가 되기 위해 적극적으로 행동에 나설 차례다. 다음 장에서는 진정한 실존주의자가 되기 위해 실존주의를 이해하고 여기에 대략적으로 찬동의 뜻을 표하는 일 외에 우리가 실제로 무엇을 '해야 하는지' 다룰 예정이다. 진정한 실존주의자가 되는 일과 진정성을 성취하는 일, 좀 더 정확하게는 진정성 있게 행동하는 일은 떼려야 뗄 수 없는 관계라는 점은 몇 차례나 말했다. 그러니 수고로운 설명 없이 이 괴상한 자기 계발서의 다음 장으로 넘어가자. 4장을 통해 진정한 존재로 향하는 방향이라도 알기를 바란다.

진정한 존재에 대해 읽고 쓰는 일과 진정한 존재에 다다르는 일은 별개로, 후자가 훨씬 더 위대한 일이다. 지금까지 내 인생에서 몇 차례 그 가까이 다가간 적은 있다고 생각하지만, 나는 내가 진정한 존재를 성취했다고는 주장하지 않는다. 나는 구루가 아니며, 이는 참으로 다행스러운 일이다. 실존주의자가 되는 일은 분명히 누군가를 '따르는 일', 특히 누군가를 맹목적으로 따르는 일이 아니기 때문이다. 실존주의는 종교가 아니다. 그것만은 나도 확실히 안다. 물론 인도에서 구루에게 시주하듯 내게 돈을 보내주고 싶다면 굳이 망설이지 않아도 좋다. 하지만 그보다 이 책과 나를 작은 표지판으로 삼아주기 바란다. 영국 어딘가 조용한 갈림길, 풀로 뒤덮인 길가에서 세월의 흐름에 낡아가는 그런 표지판 말이다. 이 표지판은 무슨 이유인지 알파 센타우리로 가는 길을 가리키고 있다. 별을 향해 손을 뻗어라!

4

진정성으로 가는 길
How to Be Authentic

Albert Camus
1913~1960

지금까지 진정성에 대해서 무언가를 배웠다면 진정성이 자기기만과 정반대라는 사실일 것이다. 자기기만은 비(非) 진정성이다. 우리는 진정성이 성실성과 사뭇 다르다는 사실도 배웠다. 성실함 또한 일종의 자기기만이기 때문이다. 자기기만에 빠진 사람에 대한 사르트르의 이야기에서 우리는 비진정성의 가장 분명한 특징이 '책임을 회피하려는 의도'라는 사실을 배웠다. 사르트르의 가벼운 여자는 자신이 처한 상황에 대한 책임을 회피하려고 하며, 사르트르의 동성애자는 자신의 과거 행적에 대한 책임을 회피하려고 한다. 성실성의 대표자로 대변되는 사람들은 자신이 어떤 것으로 있다는 사실을 인정하는 교묘한 방식으로 이에 대한 책임을 걷어차고 만다.

진정하지 못한 사람은 자신이 처한 상황이나 과거의 행적에 대한 책임을 끊임없이 회피하려는 사람이다. 자기기만에 빠져 자신에게 책임이 있다는 사실을 인정하지 않는다. 좀더 구체적으로 말하면 이들은 사실성이나 순수한 초월로서 자신과 일치할 수 없는 자아의 무능력을 인정하지 않는다. 또 이들은 한계가 없는, 혹은 거의 한계가 없다고 할 수 있는 자아의 자유와 더불어 이 자유가 의미하는 바를 인정하지 않으려 한다. 진정하지 못한 사람은 인간이라면 누구나 단순히 그 자신으로 있지 못하기 때문에 항상 자신이 무엇인지 선택해야 한다는 사실을 인정하려 들지 않는다. 알다시피 우리는 자신이 처한 상황에 대한 행동을 선택하지 않을 수 없으며, 그 상황에 대한 행동이 선택된 것이므로 그 행동에 책임을 져야 한다. 아무것도 하지 않기로 선택한다 해도 그것 역시 우리가 책임져야 하는 선택이다.

:: 진정성, 현실과 마주하기

비진정성은 인간이 자유로우며, 자신의 선택에 책임져야 하는 존재라는 실존주의 진실의 근간을 부인하는 것이라 할 수 있다. 반면 비진정성의 안티테제인 진정성은 실존주의적 진실의 근간을 인정하는 것이다. 진정성을 추구하는 사람은 현실을 직시하고, 자신이 자기 자신과 일치할 수 없는 자유로운 존재라는 냉혹한 진실과 마주한다. 진정성을 외면하는 사람은 자기 삶의 근간에 이런 실존주의적 진실이 존재한다는 사실을 인정하지 않으려고 안간힘을 쓴다. 반면 진정성에 도달한 사람은 이런 실존주의적 진실을 달게 받아들이며, 심지어 이 진실을 가치의 원천으로 생각한다.

진정하게 살아가는 사람은 실존주의에서 이야기하는 '현실을 직시하라'는 호소를 전적으로 받아들인다. 사르트르는 《전쟁 일기》에서 진정성이란 "인간 현실을 자신의 현실로 받아들이는 데 있다"[35]고 말한다. 다시 말해 진정성이란 인간 현실을 있는 그대로 받아들이고, 그 현실에 발맞추어 살아가는 일이다. 그러니까 진정한 삶은 우리의 현실을 무언가 다른 것이라고, 힘들이지 않고도 꿈이 실현되고 빌린 돈을 갚지 않아도 좋으며 백마 탄 기사가 구하러 달려오고 우리 모두 행복한 것이라고 착각하지 않고 사는 일이다.

우리가 실제로 자기 자신과 일치하지 않는 자유롭고 책임 있는 존재라는 사실을 긍정하는 일이 극단적인 전향인 것과 마찬가지로 인간 현실을 자신의 현실로 받아들이는 일 또한 자신을 대하는 태도, 어떤 '상황에 처할 수밖에 없는' 자신의 모습을 대하는 태도에 근본적인 변화를 요구한다. 진정성을 획득한 인간은 자유를 부인하기 위해 자유를 행사하거나 선택하지 않기로 선택하면서 자기기만에 빠져 행동하는 대신, 자유를 '취하고' 적극적인 방식으로 인정한다.

우리는 자유를 취하기 위해서 자신이 처한 상황과 상관없이 자신에 대한 책임을 전적으로 떠맡아야 한다. 그러기 위해서는 지금 이 상황이 자신이 처한 상황이라는 사실, 이 상황이 사실성이며 이 사실성 안에서 자기 모습을 선택해야 한다는 것을 불평 없이 받아들여야 한다. 물론 구속되지 않은 경우 도망가는 방법으로 자신이 처한 상황을 거부할 수 있다. 실제로 삼십육계 줄행랑이 상책인 경우도 종종 있다. 하지만 도망가는 일에도 선택이 필요하다. 이 선택은 새로운 상황을 만들고 선택해야 하는 또 다른 요구를 낳는다. 가장 힘겨운 선택이 될 자살을 제외하면 '상황에 처할 수밖에 없는 처지'에서 벗어날 방도가 없다. 또 모든 상황은 선택해야 할 것을 요구한다. 우리는 무엇보다 자유를 취하기 위해 자신이 그것으로 있다는 의미에서는 아무것으로도 있지 않기 때문에 자신이 처한 상황에서 하는 선택이 아니면 아무것으로도 존재하지 않는다는 점을 깨달아야 한다.

:: 상황-속-존재

사르트르는 《전쟁 일기》에서 군인 친구인 폴의 비진정성에 대해 이야기한다. 폴은 군인인-'것'으로 있다는 의미에서는 군인으로 있지 않지만, 군대에서 전쟁을 치르고 있으므로 폴이 하는 행동의 의미는 '군인'이라 할 수 있다. 하지만 폴은 되묻는다. "내가 군인이라고? 난 내가 군인의 탈을 쓴 민간인이라 생각해."[36] 우리는 이런 선언에서 폴이 자신이 선택한 것에 대한 책임을 회피한다는 사실을 읽어낼 수 있다. 사르트르는 말한다. "폴은 고집스럽게도 '스스로 만들어낸 자신'에게서 계속 '달아나려' 한다."[37] 폴은 자신이 만들어내는 존재, 즉 군인에게서 달아나 자신이 그렇게 되어야 한다고 잘못된 환상을 품고 있는, 실재하지도 않는 민간인이 되려고 한다.

폴은 사르트르가 '불행한 의식'이라 부르는 것의 전형적인 사례다.[38] 폴은 자신의 '상황-속-존재'를 인정하지 않는다.[39] 폴은 자신이 항상 그 자신의 사실성에 대한 행동으로 존재할 뿐이라는 사실을 부인하면서 자신의 사실성에 대한 변명을 구하려 한다. 폴은 자신을 사실성으로서, 상황에 따라 불행을 겪는 고정된 존재라고 생각하기를 선택한다. 우리는 불행한 의식으로 있기를 그만두고 자신의 고삐를 잡고 진정성을 획득하기 위해서 폴 같은 선택을 하지 않고 우리의 상황-속-존재를 받아들여야 한다. 《전쟁 일기》에서 발췌한 다음 단락에서 사르트르는 자신이 쓴 다른 어떤 글보다 진정성에 대한 자신의 사상을 잘 요약하여 전달한다.

> 진정성을 획득하는 일은 자신이 어떤 상황에 있든 자신의 상황-속-존재를 완전하게 자각하는 일이다. 또 상황-속-존재의 진정한 자각을 통해 우리가 한편으로는 상황을, 다른 한편으로는 인간 현실을 온전한 실존으로 이끌 수 있다는 사실을 가슴 깊이 이해하는 일이다. 여기에는 상황이 요구하는 것에 대한 참을성 있는 연구와 그 다음 상황에 자신을 던지고 그 상황을 '위해 존재하는' 자신을 정의하는 방법이 전제되어야 한다.[40]

폴이 진정성을 획득했다 치고 이야기를 풀어보자. 진정한 폴은 어떻게 행동할까? 진정한 폴은 자신이 처한 상황에서 군인의 역할을 충실히 수행할 필요가 있다는 사실을 이해한다. 이 말은 폴이 군인'인 체'해야 한다는 뜻이 아니다. 군인인 체하는 것은 스스로 군인의 탈을 쓴 민간인이라고 생각하는 비진정한 폴이나 하는 행동이다. 충실하게 군인의 역할을 수행하는 진정한 폴은 시종일관 군인으로 있기를 목표로 삼고, 자신을 군대라는 상황을 '위해 존재하는' 것으로 정의하고 그 상황에 자신을 던진다. 진정한 폴은 군인으로 있다는 의미에서 자신이 군인이라고 생각하지 않지만 자신이 실제로 군인이 아닌 다른 무언가, 현재 자신의 역할이 아닌 다른 무언가라고 생각하지 않는다는 의미에서는 자신이 군인이라고 생각한다. 앞에서 사르트르의 종업원에 대해 이야기한 내용은 진정한 폴에게도 적용될 수 있다. 진정한 폴은 '연기'에 몰두한 나머지 자신이 연기하고 있다는 사실을 떠올리지 않는다. 진정한 폴은 자신이 하는 연기가 되며, 진정한 폴이 자신을 대하는 태도에서는 불신이 사라진다.

비진정한 폴은 온갖 변명으로 가득하다. 비진정한 폴은 자신이 사실은 군인의 탈을 쓴 민간인일 뿐이라고 주장하면서, 자신이 처한 상황과 그 상황에서 자기 행동에 대한 책임을 모면하기 바란다. 그러나 진정성에 도달하고 싶다면 자기 행동에는 변명의 여지가 없다는 사실을 분명히 알아야 한다. 사람은 자기 행동에 일일이 책임질 수 없으므로 변명해야 하는 상황도 있을 것이다. 그러나 진정성에 도달하고 싶은 사람이라면 아무런 변명도 입에 담지 않아야 한다. 우리는 진정성에 도달하기 위해서 변명하고 싶은 욕망을 의지의 힘으로 억눌러야 한다. 사르트르는 이렇게 표현한다. "문제는 우리에게 변명의 여지가 없다는 사실을 '인정하는 일'에서 그치는 것이 아니라 변명하지 않을 것을 결심하는 일이다."[41] 가끔은 변명이 정당화될 수도 있을 테고, 어떤 경우에도 변명이 정당화될 수 없을지도 모른다. 이 문제에는 실존주의 철학자들 사이에서도 의견이 갈린다. 여기에서 중요한 문제는 우리가 진정성이라는 성배를 손에 넣기 위해서는 치료받은 알코올중독자가 술을 입에 대서는 안 되는 것과 마찬가지로 변명을 늘어놓는 일에서 완전히 손을 씻어야 한다는 것이다.

진정한 폴이라면 자신이 처한 상황에서 군인의 역할을 다하지 않을 변명의 여지가 없다는 사실을 인식할 뿐만 아니라, 변명의 여지가 있기를 바라지도 않을 것이다. 폴은 참된 진정성을 획득하기 위해 후회 없이 자신의 상황-속-존재를 실감해야 한다. 진정한 폴이 지금 자신이 있는 장소에 있고 싶지 않다면 후회도 미련도 없이 떠날 것이며, 탈영의 결과 또한 감수할 것이다. 진정한 폴이 지금 자신이 있는 장소에 머무르기로 결심했다면 그 행동에 책임을 지고, 눈앞에 놓인 특별한 상황에 몸을 맡길 것이다. 사르트르는 《전쟁 일기》에서 자신이 이렇게 행동하려고 노력했다고 기록한다. 사르트르는 교양 있는 파리 지식인이던 자신이 상황에 내몰려 어딘지도 모르는 장소에 있는 부대에 배속되었다는 사실에 불평을 늘어놓는 대신, 자신이 처한 상황에서 할 수 있는 일을 하려고 노력했다. 자신이 맡은 '군인'의 임무에 후회 없이 전념하려고 노력한 것이다. 물론 그 군인이라는 지위가 할 일이 별로 없는데다, 하루에 읽고 쓸 시간이 16시간이나 있을 만큼 자유로웠지만 말이다. 1940년 독일이 프랑스를 침공하기 전 '이름만 전쟁인' 전쟁을 수행할 때 사르트르는 얼마나 시간이 남아돌았는지 8개월 동안 100만 단어 이상 집필한 것으로 추정된다.

진정성 있게 사는 일은 곧 후회하지 않고 사는 일이라는 개념은 진정성에 대한 니체의 관점에서 큰 줄기를 이룬다. 진정성에 대해 니체가 뭐라고 말하는지는 조금 뒤에 다시 살펴보자.

:: 가치로서 자유

우리는 진정성에 도달하기 위해서 자신이 결코 자신과 일치하지 못하리라는 사실, 자신이 무엇인가 선택할 필요가 없는 일종의 '사물 존재'가 될 수 없다는 사실을 달게 받아들여야 한다. 그렇다고 진정성에 도달하기 위해서 자신과 일치, 실재성, 근원에 대한 욕망을 버릴 필요는 없다. 뿌리를 지니려는 욕망, 자신의 근원이 되려는 욕망은 인간 의지에서 너무나 본질적인 속성이기 때문에 절대 떨쳐낼 수 없다. 사르트르는 이렇게 표현한다. "의지의 첫째 가치와 목표는 자신의 근원이 되는 것이다. 이는 공허한 심리적 욕망으로 이해되어서는 안 되며, 인간 현실의 초월적 구조로서 이해되어야 한다."[42] 근원에 대한 욕망을 전부 떨쳐내려는 어떤 시도도 '니힐리즘'의 함정으로 빠질 뿐이다. 근원에 대한 자신의 욕망을 전부 떨쳐내려고 노력한다면 결국 아무것도 아닌 것이 되기를 바라는 수밖에 없기 때문이다.

자신이 아무것도 아니라고 말하는 허무주의적 인간은 자

기기만에 빠지지 않았다고 생각하기 쉽지만, 실제로는 자기기만에 빠졌다. 허무주의적 인간의 자기기만은 잘못된 믿음에 기반을 두고 있다. 그것 자체의 무(즉자무, nothingness in itself)로 있다는 의미에서 내가 자신의 무로 있다는 믿음이다. 그러나 실제로 그 자신이 아무것도 아니라는 것은 그 자신이 의식하는 세계와 관계 말고는 아무것도 아닌 것으로 있다는 의미다. 마음속으로 자신이 즉자 존재로서 무라고 생각하는 일은 자신이 고정되고 확정된 존재라고 믿는 것과 다를 바 없다. 두 경우 모두 자신을 자기 동일적인 존재, 무언가를 선택하지 않고도 무언가로 있는 존재라고 생각하는 일이다. 그러므로 두 경우 모두 같은 자기기만에 빠진 것이다.

시몬 드 보부아르는 《The Ethics of Ambiguity》에서 허무주의자와 근엄한 사람을 비교한다. 허무주의자는 무로 있기를 바란다. 근엄한 사람은 자신을 전적으로 사회적 기준과 관습에 따라 정의되는 객체로 여기면서 자신의 주체성을 완전히 묵살하려고 한다.

> 근엄한 사람의 실패에서는 때때로 극단적인 무질서가 초래된다. 어떤 것으로도 있을 수 없다는 사실을 의식한 사람은 그렇다면 아무것도 아닌 것으로 있자고 결심한다. 우리는 이런 자세를 허무주의라고 부르기로 한다. 허무주의자는 근엄한 사람의 정신과 가깝다. 자신의 부정성

> 을 살아가는 활동으로 인식하는 대신, 자신의 소멸을 본질적인 것이라고 생각하기 때문이다. 허무주의자는 아무것도 아닌 존재로 '있기' 바란다. 하지만 그가 꿈꾸는 아무것도 아닌 존재 또한 일종의 또 다른 존재다.[43]

실재성과 근원을 추구하는 것 또한 진정성의 기투가 될 수 있다. 하지만 진정성의 기투로서 근원을 추구하는 것은 자기기만과 결정적으로 다르다. 사르트르는 "진정성의 기투로서 근원을 추구하는 것은 도피를 억압한다"[44]고 표현한다. 이 말은 무슨 의미인가?

이 말의 의미는 진정한 사람이라면 자신의 자유에서 도망치려는 무익한 방식으로 자신과 일치, 실재성, 근원을 추구하지 않는다는 뜻이다. 그 대신 진정한 사람은 자신의 자유를 긍정하고 행사하는 일을 토대로 하여 끊임없이 자신을 만들어가는 방식으로 실재성을 추구한다. 진정한 사람은 자유에 대한 긍정과 자유의 행사를 자신의 기본적 원칙, 궁극적 가치로 삼는다. 고정된 '어떤 것'이 되려는 헛된 희망으로 불가피한 자유에서 도망치려고 하기보다 그 피할 수 없는 자유와 함께하려고 노력하는 것이다.

실제로 진정성의 기투를 통해서는 비진정성의 기투보다 일종의 실재성을 획득하기 쉽다. 우리는 진정성의 기투를 통해 실제의 모습, 즉 본질적으로 자유로운 존재라는 모습과 조화될 수 있기 때문이다. 반면 비진정성의 기투는 결코 성취될 수 없는 객체의 세계와 일치하려는 노력을 통해 자기 실제 모습에서 도망칠 뿐이다. 자신의 자유에서 도망치는 사람은 근원을 수립하지 못한다. 반면 자신의 자유를 기꺼이 취하는 사람은 그 자유 자체를 근원으로 수립한다. 자신의 자유를 취하는 사람은 있는 그대로 자신, 즉 자유로운 존재가 '된다'. 자유를 취하는 사람은 자신이 결코 될 수 없는 존재, 즉 자유롭지 않은 존재가 되려고 노력하지 않으므로 실패할 리도 없다. 다른 말로 표현하면 불변에 대한 욕망은 오직 자유를 끌어안음으로써 충족될 수 있다. 인간에게 변하지 않는 것은 자유롭다는 사실뿐이기 때문이다. 사르트르의 표현을 빌리면 "그러므로 진정성은 근원이라기보다 가치다. 진정성은 실재성에 도달하기 위한 수단으로서 자신에게 가치를 부여한다".[45]

여기에서 진정성을 통해 성취된 실재성은 고정된 형태가 아니라는 점을 반드시 짚고 넘어가야 한다. 앞에서 말했듯이 의식이 고정된 상태가 되는 일은 논리적으로 불가능하며, 고정된 상태에 이르기 위한 모든 노력에는 자기기만이 수반된다. 진정성을 통해 성취된 실재성은 단 한 번 의식을 통해 성취되는 것이 아니며, 우리가 끊임없이 영속시키고 되찾아야 하는 실재성이다. 우리는 단순히 진정성 있는 상태로 존재할 수 없으며, 진정성 있는 상태로 '존재해야' 한다. 다시 말해 우리는 진정성 있게 존재하려고 끊임없이 노력해야 한다. 하지만 우리는 한순간도 '진정한–것'으로 있을 수 없다. 바위가 바위로 있는 것과 마찬가지로 자신이 진정하게 '있다'고 생각하는 일 자체는 우리가 진정하게 있지 않다는 뜻이며, 자기기만에 빠져들었다는 뜻이다. 진정성은 한번 수립하면 변하지 않는 영속적인 근원이 아니며, 실존주의자들이 말하는 '준안정 근원(metastable foundation)'이라 할 수 있다. 우리는 준안정적인 상태를 유지하기 위해 자신이 처한 상황에서 끊임없이 진정한 행동을 선택하며 진정하게 있기 위해 노력해야 한다.

:: '진정하게 존재하는 일'에 따르는 문제

이 책에는 '실존주의자로 사는 법'이라는 제목이 붙어 있다. 그러나 지금에 와서 진정한 실존주의자로 '존재하는 일', 진정성 있게 '존재하는 일'이 실제로는 불가능하다는 사실이 밝혀졌다. 오해를 끼친 점, 고개 숙여 사과라도 하고 싶은 마음이다. 하지만 이제까지 설명이 충분하지 못했는지도 모른다. 우리는 개종한다고 해서 진정한 실존주의자가 될 수 없다. 책을 탐독하고 시험에 합격하고 자격증을 딴다고 해서 진정한 실존주의자가 될 수 있는 것이 아니다. 올림픽 금메달리스트는 다시 올림픽에 참가하지 않아도 4년 동안 올림픽 금메달리스트로 '존재하지만', 진정한 사람은 끊임없이 진정성의 경주에 참여하지 않고는 이내 그 지위를 잃고 만다. 우리가 진정하게 존재하는 순간은 진정성 있게 '행동하는' 순간뿐이다. 게다가 우리는 승리의 월계관을 기대할 수도 없으며, 자신이 진정하다는 생각조차 할 수 없다. 스스로 진정성 있다고 생각하는 일은 자신이 진정한-것으로 있다고 생각하는 일이며, 자신이 무엇이든 어떤 것으로 있다고 생각하는 일은 곧 자기기만에 빠지는 일이다.

'나는 진정성 있다'고 생각하기만 해도 진정성을 성취하지 못한다니 진정성을 향해 나아가는 길에 의도적으로 발을 들이려고 생각하는 사람에게 큰 문제가 아닐 수 없다. 이 책을 읽고 진정성을 성취하기를 바라는 사람에게도 심각한 문제다. 내가 생각할 수 있는 유일한 희망은 이 책을 다 읽고 옥스팜(Oxfam : 국제 구호단체 — 옮긴이)에 기부하거나, 이베이에 경매를 붙여 팔아 치운 다음 진정성 있는 행동에 나설 무렵 이 책에 대해서 까맣게 잊는 길뿐이다. 한 가지 의심스러운 생각이 머리에서 떠나지 않는다. 지식인에게 진정성 있게 행동하는 일이 아주 어렵지 않을까 하는 의심이다. 내가 보기에 인간은 자신이 진정성 있게 행동한다고 생각하는 한 진정성 있게 행동할 수 없기 때문이다. 그렇다면 우리는 자신의 진정성에 대해서 어떻게 생각해야 하는가? 이

딜레마에서 빠져나갈 아주 작은 구멍이 있을지도 모른다. 여기에 대해서는 조금 있다 살펴볼 것이다.

진정성은 소유도 아니고, 본질도 아니다. 진정성은 우리가 자신의 사실성에 어떻게 대응하는지 선택하는 방식이며, 자신의 사실성에 대응하는 데 자신을 선택하는 방식이다. 진정성이란 자유와 책임을 긍정하는 행동을 끊임없이 선택해야 하는 임무이며, 동시에 자유와 책임에서 도피하는 듯 보이는 행동을 선택하지 않아야 하는 임무다. 진정한 인간은 모든 인간 기투를 위협하는 자기기만으로 빠져들지 않도록 끊임없이 자기기만에 저항해야 하는 책무를 짊어진다.

진정하게 살려면 후회 없이 살아야 한다는 점은 이야기했다. 여기에서 진정성의 존재 가능성을 묻는 반대 의견이 그 고약한 머리를 들어 올린다. 후회 없이 사는 일이 불가능하니 진정성 또한 불가능하다는 주장이다. 후회는 인간 현실에서 불가피한 측면인 듯 보인다. 대안을 생각할 능력이 있는 사람이라면 누구든 다른 선택을 했기를 바라지 않을 수 없기 때문이다. 아무리 후회 없이 산다 해도 가끔 그런 생각을 하지 않을 수 없는 노릇이다.

이 반대 의견에 우리는 다음과 같이 반박할 수 있다. 후회 없이 사는 일이 불가능하지는 않다. 단지 아주 어려울 뿐이다. 마찬가지로 진정성 또한 불가능하지 않으며, 성취하기가 아주 어려울 뿐이다. 우리는 덜 후회하며 살 수 있다. 여기에는 의심의 여지가 없다. 우리는 항우울제의 도움을 받거나 심리요법을 통해, 혹은 실존주의 공부를 통해 덜 후회하며 살 수 있다. 논란의 여지가 있겠지만, 덜 후회하며 살 수 있다면 우리가 자신을 완벽하게 다스리면서 아무것도 후회하지 않고 살아갈 잠재력이 있다고도 말할 수 있지 않을까? 우리는 후회하지 않는다는 정책을 펼친 웰링턴(Arthur Wellesley Wellington : 나폴레옹전쟁 당시 명성을 얻은 영국의 군인이자 정치가—옮긴이) 공작의 경지에 오를 수 있을지도 모른다. 웰링턴 공작의 정책은 그의 유명한 금언에 잘 드러난다. "결코 사과하지 않는다. 결코 설명하지 않는다."

자신을 완벽하게 다스리고 극복하는 과업은 우리가 일생 동안 성취하기에 너무나 어려운지도 모른다. 요즘 같은 변명과 후회의 문화에서 자라난 사람에게는 더욱 어려운 일일 것이다. 그러나 이는 힘들여 추구해볼 가치가 있는 영웅적인 이상이다. 현실을 직시하고 자신의 고삐를 단단히 쥐고 자기 발로 똑바로 서서 존재하는 것이 불행한 의식으로 존재하는 것보다 훨씬 낫기 때문이다. 또 우리는 자신이 처한 상황을 똑바로 바라보고 자신을 극복하려고 부단히 노력하면서 존엄과 자존심을 지킬 수 있다. 반면 비겁한 사람은 후회에 얽매여 살면서 자신이 처한 상황과 그 상황 속 자신의 존재를 직시하지 않으려고 한다. 이런 사람에게는 자신의 미약함에 대한 통절한 자각, 존엄과 자존심을 지키지 못한 패배감이 남을 뿐이다.

위엄과 존엄이라는 가치를 기억하는가? 이는 20세기를 지나는 어느 시점에서 하마터면 사라질 뻔한 미덕이다. 고상한 영국 신사들은 위엄을 갖추고 존엄을 지키며 살았다. 리얼리티 TV에 겨우 고개를 내미는 재능 없는 하류 연예인에게 위엄이나 존엄은 눈을 씻고 찾아도 보이지 않는다. 오늘날 위엄의 가치는 로마나 중세를 그린 영화에서 볼 수 있으며, 존엄의 가치는 환자용 변기가 필요한 노인 문제를 이야기할 때 등장할 뿐이다. 자신에게 태만하고 자신을 방치하는 무책임한 사람들에게 베푸는 동정과 관용을 줄이는 한이 있어도 위엄과 존엄을 지키는 일을 중요한 미덕의 제자리로 돌려놓을 필요가 있다. 지금 우리가 사는 세상에는 욕심 많고 게으르고 무책임하고 고의적으로 무지하고 남 탓만 하는 사람, 최선을 다하지 않고도 최선을 다했다고 징징거리는 사람이 허다하다. 그리고 이들이 아무리 태만을 저지르고 칠칠치 못한 행각을 벌여도 사람들은 쉽사리 용서한다.

고결하고 충직한 윈스턴 처칠(Winston Churchill)은 이런 말을 남겼다. "최선을 다하는 것만으로는 부족하다. 우리는 필요한 일을 해야 한다." 처칠은 '최선을 다했다'는 말이 한심한 변명의 구실로, 자기기만의 표현으로 남용된다는 점을 잘 알았다. 최선을 다했다는 말은 그 최선이 충분치 않을 때 등장하기 때문이다. 여기에 논리적으로 이의를 제기할 수도 있다. 정말 최선을 다했다면 그보다 어떻게 잘할 수 있단 말인가. 과연 우리는 자신이 정말 최선을 다했는지, 그보다 아주 조금 더 잘할 수 있지 않았는지 확신할 수 있을까? 진정한 실존주의자는 항상 자신이 조금 더 잘할 수 있다는 마음가짐, 자신이 정해놓은 목표를 성취할 때 자신의 최선에 가까워질 수 있을 뿐이라는 마음가짐으로 살아간다. 정해놓은 목표를 성취하는 일은 필요한 일을 해내는 일과 다르지 않다.

하지만 인생은 끔찍하게 불공평하다. 하늘과 땅을 움직일 만큼, 몸의 힘줄이 전부 터져나갈 만큼 노력하는 사람도 천부적인 재능을 타고난 적수에게 패배할 수 있다. 불가능한 공산, 자신의 힘으로 어쩔 수 없는 상황, 가끔은 그 빌어먹을 날씨 탓에 패배할 수도 있다. 하지만 그건 중요하지 않다. 여기에서 중요한 문제는 모든 이에게 공평하자는 것이 아니다. 상대가 상처 받을까 염려하여 가혹한 말을 피하는 것이 아니다. 바람직한 삶의 자세를 규명하는 일이 중요하다. 바람직하고 위엄과 존엄을 지키면서 실존주의적인 태도로 살아가는 방식에는 "최선을 다했는데"라는 변명을 하는 일이 포함되지 않는다. 최선을 다하지 않았을지 모르기 때문에, 다음번엔 훨씬 더 잘할 수 있을지 모른다. 위엄과 존엄을 지키는 일은 진정한 실존주의적 미덕이라 할 수 있다.

* * *

사르트르는 자기기만이 인간존재의 모든 기투를 위협한다고 말한다. 우리는 순간순간 자기기만에 빠져들지 않기 위해 인간을 넘어선 초인간적 존재가 되어야 할 지경이다. 자기기만으로 손짓하는 이 세계의 끊임없는 유혹에 저항하기를 중단하는 순간, 우리는 자기기만에 빠져들 수밖에 없다. 자기기만은 너무나 편리하고 유혹적이라 순간순간 자기기만에 빠지지 않으려고 저항하기는 아주 어렵다.

사르트르는 전쟁에 징집된 가장의 사례를 들어 자기기만으로 손짓하는 이 세계의 끊임없는 유혹과 이 유혹에 넘어가지 않기 위한 어려움에 대해 설명한다.[46] 징집되기 전 이 남자는 따분한 중산층으로, 인생이란 가족의 기대와 자신의 직업이 정해놓은 선로를 따라 굴러가는 것이라고 생각하면서 자신이 다른 사람이 원하는 바에 따라 존재하도록 허용하며 살아왔다. 그러나 전쟁의 적나라한 현실과 마주하면서 남자는 눈을 떴고, 자기 인생을 넓게 바라보았다. 그리고 자신의 자유를 인정하고 자기 발로 똑바로 선 사람이 되었다. 사르트르의 표현에 따르면 "남자는 과거의 상황에 대해 '생각하고', 미래를 위해 결심했다. 또 다른 사건을 겪음에 따라 진정성을 '유지하기 위한' 지침을 마련했다".[47] 이 남자는 전사가 되었고, 전쟁이 끝난 뒤에도 전사로 남고 싶었다. 다시 말해 무슨 일이든 해낼 각오가 된 사람, 자신에 대해 책임지는 사람, 변명하지 않는 사람, 강하고 과묵한 사람, 위엄과 존엄을 당당히 지키는 사람, 자신과 타협하기를 거부하는 사람, 다른 사람이 바란다고 해서 그가 듣고 싶어 하는 말만 하기를 거부하는 사람이 된 것이다.

이런 고귀한 결단을 훼방 놓는 저항 세력은 의외로 남자의 내면이 아니라 그를 둘러싼 세계, 그의 과거다. 사르트르는 이렇게 표현한다. "저항은 서투르게 먼지를 털어낸 의식의 이곳저곳에 남아 있을 비진정성에서 오지 않는다. 저항은 그가 있던 이전의 상황이 마치 '사물 존재'처럼 변화에 견디지 못한다는 사실에서 온다."[48)]

남자가 여전히 사랑하는 아내는 남편이 예전처럼 자신이 바라는 바를 충족해줄 거라고 기대하며 전장으로 면회를 온다. 어떤 의도가 있거나 일부러 그런 건 아니지만, 남자가 아내를 대하는 태도는 전과 사뭇 다를 수밖에 없다. 남자가 전과 다른 사람이기 때문이다. 그러나 남자는 아내의 기대 속에서 과거 자신의 비진정한 자아상을 발견한다. 여기에서 남자가 새로 찾은 진정성에 대한 시험이 벌어진다. "아내와 마주한 자리에서 예전의 과오를 되풀이한다면 남자는 비진정성의 구덩이로 곤두박질칠 것이기 때문이다."[49)] 남자는 아내를 사랑하기에 아내의 기대를 충족해주려 하면서 비진정성으로 빠져들 가능성이 높다. "우리가 비진정하기를 기대하는 존재는 오래된 사랑의 감정을 되살리면서 우리를 비진정성으로 뼛속까지 얼려버릴 것이기 때문이다."[50]

뒤이어 사르트르는 이런 비진정성에 대해서 "강요된 비진정성, 이에 자신을 방어하는 일은 쉽지만 고통스럽다"[51] 고 말한다. 하지만 고통스러운데 어떻게 쉽다는 것일까? 아내를 사랑하기 때문에 강요된 비진정성에 굴복할 수밖에 없다면 강요된 비진정성에 저항하는 일은 아내에 대한 사랑에 저항하는 일만큼이나 어렵지 않겠는가.

이런 의문에 사르트르는 그 남자가 아내를 사랑하기를 그만두는 일은 실제로 어렵지 않으며, 비진정성에 저항하는 일도 쉬울 수밖에 없다고 대답한다. 사랑은 사랑하기로 하는 선택에 불과하기 때문이다. 하지만 여기에서 의문이 생긴다. 남자라면 누구나 아내를 사랑하지 않기로 '선택'할 수 있단 말인가? 감정에는 그 자체의 힘이 없다고 주장하는 사르트르가 옳은가, 아니면 우리의 친구 사르트르는 또다시 자신의 극단적인 자유와 선택의 이론을 지나치게 밀어붙이는 것인가? 나는 사르트르 추종자 사이에서도 이 복잡하게 얽힌 문제에 대한 논의가 한창이라는 말로 슬그머니 넘어갈 작정이다.

진정한 실존을 위해 멈추지 않고 노력하는 사람에게는 어마어마한 어려움이 기다린다. 사르트르는 《전쟁 일기》에서 자신이 진정한 실존을 성취하지 못했다는 사실을 고백한다. "나는 진정하지 않다. 약속된 땅으로 들어서는 문지방에 서 있다. 그러나 적어도 나는 그들에게 가야 할 방향을 가리켜줄 수 있다. 다른 사람은 그곳에 갈 수 있다."[52] 그러나 사르트르는 자신도 실패한 길을 왜 다른 사람이 걸어야 하는지 입을 열지 않는다. 진정성의 위대한 투사, 강철 같은 의지와 뛰어난 정신력을 갖춘 사르트르마저 진정한 실존에 도달하지 못했다면 우리에게는 어떤 희망이 있는가?

간단 요약 진정한 실존은 우리가 끊임없이 되찾아야 하는 기투다. 우리는 지금 자신이 하는 행동으로만 진정할 수 있다. 일주일 동안 한순간도 빼놓지 않고 진정성을 유지했다고 해도 이 순간 진정하게 행동하지 않는다면 진정하지 못한 것이다. 자기기만으로 손짓하는 이 세상의 끊임없는 유혹을 고려할 때, 후회 없이 사는 일과 강요된 비진정성에 저항하는 일에 따르는 어려움을 생각할 때 우리가 긴 시간 동안 진정성을 유지하기란 아주 힘겨워 보인다. 인생이 자신의 선택으로 만들어지지만, 습관이나 다른 사람이 우리에게 기대하는 바에 따라 좌우되기도 한다는 사실 또한 별로 도움이 되지 않는다. 어쩌면 우리는 살면서 어쩌다 한 번씩 진정성을 성취할 능력밖에 없는지도 모른다. 진정성은 그럼에도 고군분투하여 손에 넣을 가치가 있는 실존주의적 이상이다.

:: 진정성과 지성

실존주의 철학자들의 일반적인 견해에 따르면 우리는 진정성을 추구하기 위해 인간 현실에 대한 어떤 진실을 머리로 이해할 필요가 있다. 이를테면 궁극적인 목표로 자유를 긍정하기 위해 먼저 자신과 일치하기 위한 노력, 선택하지 않아도 되는 '사물 존재'가 되고자 하는 노력이 무익하다는 사실을 알아야 한다. 실존주의 철학자들은 다른 사람에게 진정성이 없다고 비판하기를 아주 좋아한다. 하지만 이 경우 실존주의 철학자들은 그 사람이 어쩌면 자신이 진정성이 없다는 사실을 알지 못할 수도 있다는 가능성에 대해서는 바르게 판단하지 못하는 듯 보인다. 그 사람은 자신과 일치하는 것이 가능하다고 믿을 수도 있는 일이다. 물론 그 사람이 자신의 믿음을 이렇게 지적인 용어로 표현할 수 있을 것 같지는 않다. 그 사람의 믿음은 아마도 자신의 욕망을 모두 해소하고 완전한 만족에 도달하는 일이 가능하다는 확신의 형태를 취할 가능성이 높다. 마찬가지로 자신이 '상황-속-존재'일 뿐이라는 실존주의적 진실을 알지 못하는 사람은 지금 불쑥 나타난 자신의 모습보다 여태까지 살아온 모습을 자기 자신으로 생각할 것이 분명하다. 예를 들어 갑자기 징집된 군인은 징집되기 전 그 사람이 알던 전부가 민간인 역할이라면, 자신을 군인의 탈을 쓴 민간인이라고 생각하는 것이 당연하다.

이런 이의 제기에 실존주의 철학자들은 어느 정도 지성만 있다면 인간 현실에 대한 실존주의적 진실을 이해하는 데 부족함이 없다고 반박한다. 실존주의에서 말하는 진실은 복잡하고 난해한 철학책에 숨겨진 불가해한 진실이 아니기 때문이다. 일상은 충족감을 붙잡는 어려움, 존재의 우연성, 죽음의 내재성 등을 가르쳐주는 고된 수업이다. 우리가 이런 실존주의적 진실을 보지 못하고 이런 진실에 담긴 의미를 이해하지 못한다면 이는 지식이 부족해서라기보다 이런 진실과 마주하기를 거부하기 때문이다. 비겁함에서 시작되고 자기기만으로 유지되는 고의적인 무지를 행사하기 때문이다.

대다수 사람들이 인간 현실을 둘러싼 실존주의적 진실을 보지 못하는 것은 지식이 부족해서가 아니라 그 진실을 보고 싶지 않아서다. 물론 사람들이 그 진실을 보고 싶어 하지 않는다는 사실에는 그 진실을 보았다는 뜻이 함축되었다. 인간 현실을 둘러싼 실존주의적 진실을 보았기에, 그 진실의 모습에 너무나 불안해졌기에 사람들은 필사적으로 그 진실과 다시 마주하지 않기를 바라면서 자기기만에 의존하여 진실을 회피한다.

한 여자가 아버지를 여의었다. 여자는 걱정 근심 없이 낙천적으로 살아야 한다고 주장하는 사람이어서, 친구들이 애도의 말을 건네자 너희는 이런 일을 겪지 않기를 바란다고 대답했다. 하지만 자신이 먼저 죽지 않는 한 아버지의 죽음을 겪어야 하는 것이 세상의 이치다. 이런 이치를 입 밖에 내는 것이 온당치 못하게 느껴진다면 자기기만에 빠졌기 때문이다. 엄연한 진실을 불쾌하게 여기는 것은 가장 흔한 자기기만이다. 앞에서 말했지만 자기기만은 고의적인 무지다. 자기기만은 견딜 수 없는 불안에서 벗어나게 도와주는 대응 전략이다. 그렇다면 인간 현실의 가혹한 진실과 마주할 용기가 없는 사람들이 차용하는 고의적인 무지에는 일종의 지혜가 담겼다고도 말할 수 있다. 요크셔 속담처럼 "올바른 쪽으로 우둔한 사람은 현명하다"(우리 식으로는 '모르는 게 약'이라고 할 수 있겠다. — 옮긴이)고 할까.

진정성을 추구하는 데 반드시 지성이 필요하다면 배운 사람들만 진정성을 추구할 수 있어야 하는데, 실제로는 절대 그렇지 않다. 역사 속에는 달리 배움이 없어도 자신의 자유를 인정하려고 노력한 사람이 수두룩하다. 반대로 하이데거처럼 실존주의 '이론'에 전문가면서 반유대주의의 비진정성에 무너져 국가사회주의독일노동자당에 가입한 사람도 있다.

진정성을 추구하기 위해 반드시 지식을 알아야 할 필요는 없다. 하지만 실존주의를 공부한 뒤 그 직접적인 영향을 받아 진정성을 추구하기로 결심한 사람들도 있다. 실존주의를 공부하면 실존주의적 진실을 한층 밝게 볼 수 있으며, 자기기만을 확실히 구별할 수 있기 때문이다. 자유와 책임의 필연성에 대해서도 한층 깊게 이해할 수 있다. 그러므로 실존주의를 공부하는 일은 이 세상에서 우리가 존재하는 방식 자체를 뒤바꿀 깊은 깨달음에 이르는 길이 될 수도 있다.

철학이 다른 학문과 똑같은 학과목의 하나일 뿐이라고 생각하는 시대에 철학을 공부함으로써 깊은 깨달음에 도달할 수 있다고 말하는 것은 어불성설처럼 들리기도 하다. 그러나 서양철학의 기반을 마련한 고대 그리스인에 따르면 철학을 공부하는 일의 핵심은 깨달음을 얻기 위함이다. 많은 교수와 학생들이 철학을 공부하는 일의 핵심이 학위 획득에 있다고 여기면서 깨달음 따위는 개나 줘버리라고 생각하는 것이 문제다.

고대 그리스 철학자 플라톤에게 철학을 공부하는 목표, 특히 자신의 철학을 공부하는 목표는 현실과 현상을 구분할 수 있게 하는 근원적인 진리에 대한 지식을 얻기 위함이다. 세계관 자체는 전혀 다르지만 실존주의 철학에서도 무지의 어두운 동굴에서 벗어나는 깨달음의 길을 안내한다. 플라톤은 《국가론(The Republic)》에서 깨달음의 여정을 동굴 속 그림자의 세상에서 벗어나 한낮의 밝은 빛으로 향하는 사람의 여정에 비유한다.

다 좋은 일이지만 아직 앞에서 이야기한 문제 하나가 해결되지 않고 끈덕지게 남아 있다. 지식을 배운 결과 진정성을 획득하는 일이 과연 가능한가에 대한 문제다. 철학을 공부한 결과 비교적 유용한 학위를 손에 넣는 한편, 진정성에 이르려는 온갖 숭고한 결심을 했다고 치자. 그런데 '나는 진정하다'고 생각하는 순간, 그동안 쌓아 올린 진정성이 모두 무너지는 것은 아닐까? 앞에서 말했듯이 우리는 단순히 진정하게 '존재할' 수 없으며, 끊임없이 진정성 있게 행동해야 한다. 자신이 진정하게 '존재한다'고 생각하는 일은 진정성 있는 행동이 아니다. 하지만 다시 곰곰이 생각하면 내 끈질긴 의구심은 그리 심각한 문제가 아닌지도 모른다. '나는 지금 이 순간 진정성 있게 행동한다'고 생각하면서 진정성 있게 행동하는 사람이 뭐가 그렇게 잘못되었단 말인가? 그런 생각을 했다고 해서 내 행동의 진정성이 바로 사라지기라도 한단 말인가? 사례를 통해 생각해보자.

무거운 상자를 들고 계단을 오르는 할머니를 도와 상자를 들어주었다고 하자. 상자를 들고 계단을 오르는 동안 '이건 오늘의 착한 행동이야'라고 생각한다면 내가 한 행동이 돌연 이기적인 행동이 될까? 무심코 그런 생각이 들었을 뿐인데 말이다. 한번은 내가 도와드린 할머니 때문에 내가 좋은 일을 한다는 생각을 한 적이 있다. 그 할머니가 "아이고, 참 좋은 일 하시는구먼"이라고 말했기 때문이다. 사람 좋은 할머니가 내게 불어넣은 별것 아닌 생각으로 내가 한 일의 성격 자체가 바뀌었다고 주장하면 지나친 일이 될 것이다. 자기 행동에 대한 자세는 중요하며, 그 자세에 따라 행동의 성격이 결정될 수도 있다. 그렇다고 해서 우리가 행동하는 동안 무심코 드는 생각, 머릿속에 되는 대로 떠오르는 생각 하나하나에 너무 큰 의미를 부여하지 않아도 좋을 성싶다.

:: 진정성과 타인

지금까지 진정성에 대해 이야기한 것을 다시 살펴보니 짚고 넘어갈 필요가 있는 모순이 하나 보인다. 나는 진정성을 이루기 위해서는 자신이 처한 상황에 충실하면서 자신의 상황-속-존재를 실현해야 한다고 주장했다. 다른 한편으로 진정성을 이루기 위해서는 다른 사람의 기대에 따라 사는 일을 거부해야 한다고 주장했다.

사르트르가 이야기한 중산층 남자가 군인으로 징집되어 면회 온 아내를 만난 사례를 되짚어보자. 사르트르는 이 남자가 아내의 기대 속에 내재된 과거 자신의 자아상을 따른다면 비진정성으로 곤두박질칠 것이라고 주장한다. 하지만 다른 사람의 기대에 부응하지 않고 어떤 상황에 충실할 수 있는가? 우리가 어떤 상황이 요구하는 바에 충실하기 위해서는 다른 사람의 기대에 부응하는 것도 필요하다. 이 남자가 자신이 처한 상황에 — 전쟁이 아니라 아내의 면회에 —

충실하다면 아내를 기쁘게 해주고, 아내가 자신에게 품고 있는 기대에 부응하려고 노력하면서 아내를 위로하고 아내와 관계를 지켜야 한다. 이런 것이 아내의 우위에 서서 내려다보듯 하는 행동이 아니냐고 반박할 수도 있다. 그러나 다른 사람의 우위에 서서 내려다보듯 하는 행동이 잘난 척하며 거들먹거리는 것이라면, 아내가 알지 못하는 공포를 겪어보았다고 해서 아내가 뭘 모른다고 무시하며 퉁명스럽게 대하는 일이 훨씬 더 아내의 우위에 서서 내려다보듯 하는 행동이 아닐까?

그 남자가 아내의 기대에 충족해주기를 거부하면서 다음과 같이 말했다고 가정해보자. "이 전쟁을 겪으면서 나는 진정한 나 자신과 만날 수 있었소. 나는 이제 과거에 내가 하던 방식으로 행동할 수 없소." 우리는 이 말에 반박할 수 있다. 전쟁을 겪으면서 진정한 자기 자신과 만났다면 자신이 자유로운 존재, 어떤 상황에 처해도 그에 걸맞게 행동할 수 있는 자유로운 존재라는 사실을 깨달았어야 하지 않을까? 단지 과거 자신의 자아상을 따르도록 용납하지 못한다는 이유로 사랑하는 아내를 떠나보내는 일은 진정성 있는 영웅이 아니라 융통성 없고 자멸의 길을 걷는 멍텅구리나 할 짓이다. 앞서 말했듯이 진정성은 영웅적인 것 이상이다. 우리가 영화에서 보는 전형적인 영웅은 연인이자 투사로, 자신이 처한 상황에 따라 사랑도 할 수 있고 정의도 지킬 수 있는 사람으로 그려진다. 정의를 위해 싸우는 능력, 불의를 증오하는 능력, 두려움과 맞서는 능력 때문에 사랑하는 능력이 타락하지는 않는다. 마찬가지로 사랑할 줄 아는 능력 때문에 싸우는 능력이 약해지는 일도 없다.

사르트르와 보부아르는 2차 세계대전을 겪으면서 인간이 얼마나 상호 의존적인지 깨닫고, 진정성에도 다른 사람의 기대에 어느 정도 부응하는 일이 필요하다는 사실을 인정하기 시작했다. 이들은 전쟁 후 집필한 저작에서 사람이 대다수 상황의 요구를 충족하기 위해 어느 정도 사회적 순응이 필요하다는 사실을 인정하고 있다. 우리가 마주하는 대다수 상황은 인간 사회에서 벌어지는 상황이기 때문이다.

사르트르와 보부아르는 인간은 자신이 처한 사회적 · 역사적 상황에서 비롯되는 기대에 부응하여 살아야 할 책임이 있다고 주장한다. 이 책임을 회피하면서 자기 시대의 사람이길 거부하는 사람은 자기기만 안에서 행동하는 것이다. 이런 사람은 자신이 사회 · 정치 · 역사의 틀 밖에 존재하는 섬인 양, 혼자 잘 먹고 잘살 수 있는 고정된 섬인 양 행동한다. 하지만 실제로 그 사람은 시대의 사회 · 정치적 환경에 뿌리내리고 살아가며, 시대와 관계를 맺어야 존재할 수 있다. 이는 인간 현실에 대한 실존주의적 진실이다. 존 던(John Donne : '누구를 위하여 종은 울리나'라는 시로 유명한 17세기 영국의 시인 — 옮긴이)이 말했듯이 "인간은 그 자체만으로 완전한 섬은 아닐지니. 모든 인간은 대륙의 한 조각, 대양의 한 부분일 뿐".[53] 그러므로 진정하게 사는 일은 이런 진실을 받아들이고 살아가는 일이다. 다시 말해 타인의 존재와 자유를 인정하고, 타인과 관계를 맺으며 살아갈 수밖에 없는 필연성을 인정하고 살아가는 일이다.

:: 니체의 진정성 : 아무것도 후회하지 않는다

이제 전에 약속한 대로 니체가 진정성에 대해 뭐라고 이야기하는지 들어볼 차례다. 니체 역시 사르트르처럼 진정성에 대해 할 말이 많은 사람이고, 그 내용도 사르트르가 하는 이야기와 많은 부분에서 겹친다. 위대한 실존주의 철학자들이 비슷한 방식으로 사고한다는 것은 그리 놀랄 일도 아니다. 특히 니체가 20세기 모든 실존주의자들에게 미친 지대한 영향을 생각할 때 이는 당연한 일인지도 모른다. 철학 분야에서 우뚝 선 거물로서 니체는 D. H. 로런스(David Herbert Lawrence : 《채털리 부인의 연인》을 쓴 작가 — 옮긴이)부터 영화 〈아라비아의 로렌스〉까지, 강제수용소에 갇힌 유대인부터 그들을 가둔 나치까지, (프로이트 자신을 포함하여) 프로이트 학설의 신봉자인 정신분석학자부터 독일 분데스리가의 머리 쓰는

축에 속하는 감독까지 거의 모든 이들에게 영향을 미쳤고, 앞으로도 그 영향력은 수그러들 기미가 보이지 않는다.

니체가 이토록 폭넓은 분야에 영향력을 미친 이유 중 하나는 모든 사람이 니체의 저작에서 자신에게 필요한 무언가를 찾아내기 때문인 듯 보인다. 하지만 가장 큰 이유는 니체가 깊이 있고 고무적인 사상가이며, 평범하고 상상력이 부족하고 궤변을 늘어놓는 사상가보다 인생의 복잡함과 기묘함에 대해 훨씬 깊이 있게 다루기 때문이다. 실제로 '궤변을 늘어놓는 사람'이라는 말은 니체가 다른 사상가를 욕하기 위해 직접 고안한 것이다. 니체는 자신의 저서에서 재치 있는 말로 다른 사상가를 모욕했고, 이런 습관 덕분에 자신이 미처 모욕하지 못한 사상가들에게 더 큰 인기를 얻었다.

사르트르가 말하기를 자기기만은 선택하지 않으려는 선택이다. 이는 '부정의 자유(negative freedom)', 자유 자체를 부정하고 견제하고 억압하는 자유다. 이렇게 부정적인 방식으로 자유를 행사하는 것은 니체가 말하는 '금욕주의적 이상'을 실현하는 일이다. 금욕주의적 이상에서는 다른 무엇보다 자제와 극기에 가치를 둔다. 이는 자제를 위한 자제, 극기를 위한 극기다. 이를테면 금욕주의적 이상을 실천하는 사람은 금욕을 통해 성적 건강을 지키고 마음의 평화를 얻을 수 있기 때문에 금욕에 가치를 두는 것이 아니다. 이 사람이 가치를 두는 것은 금욕으로 얻어질 극기 자체다. 금욕주의적 이상의 반대는 니체의 '고귀한 이상(noble ideal)' 개념이다. 고귀한 이상은 자유를 능동적으로 긍정하는 것이다. 고귀한 이상을 실천하는 사람은 자신을 자유로운 존재로서 능동적으로 긍정한다. 자신의 자유를 부인하거나 억압하지 않고 끊임없이 인식하면서 누린다. 자유를 긍정하는 고귀한 이상을 품은 사람은 결단력 있게 행동하면서 어려움을 극복하고, 책임을 다하며 후회하지 않는다. 가장 중요한 것은 고귀한 이상을 품은 사람이 자신의 가치를 스스로 선택하는 자유를 누린다는 점이다. 니체에게 능동적인 자유란 광범위하고, 이따금 무모하고 폭력적인 것이다. 자유는 능동적인 '권력 의지(will to power)'로서 자신의 힘을 획득한다.

니체의 철학을 관통하는 핵심 개념인 권력 의지는 능동적일 수도 있고 부정적일 수도 있다. 능동적인 권력 의지는 우리가 흔히 이해하는 힘이다. 확장적이며 심지어 폭발적인 힘이다. 권력 의지의 반대는 역시 권력 의지다. 확장되길 거부하는 존재 또한 권력 의지가 있기 때문이다. 명령에 따라 후퇴하는 군인은 확장을 거부하지만, 그렇다고 해서 이들이 권력 의지를 잃어버렸다고 할 수 없다. 마찬가지로 방책 뒤에 숨어 자신의 힘을 비축하는 사람도 적에게 방책을 공격하여 힘을 소모하도록 유도하는 방식으로 권력 의지를 행사한다. 니체에게 사람은 권력 의지가 없을 수 없다. 사르트르에게 사람은 자유롭지 않을 수 없는 것과 마찬가지다. 니체가 능동적이거나 부정적인 권력 의지라는 개념을 펼치는 반면, 사르트르는 책임을 짊어지는 진정한 사람의 능동적인 자유와 자기기만에 빠져 선택하지 않기를 선택하는 비진정한 사람의 부정적인 자유에 대한 개념을 펼친다.

사르트르는 자유 그 자체에 모든 가치의 원천이라는 가치를 부여할 수 있다고 주장한다. 이런 능동적인 자유에는 니체의 고귀한 이상과 동일한 원칙이 적용된다. 능동적인 자유는 능동적인 권력 의지다. 자기기만을 통해 이전의 자아를 부정하고 이전의 자아와 결별하는 방식으로는 진정성에 이르는 근본적인 변화를 이루지 못한다. 진정성에 이르는 근본적인 변화를 이루기 위해서는 이전의 자아와 가치를 극복함으로써 자신의 가치를 창조해야 한다.

진정성에 이르기 위한 근본적인 변화에 대한 사르트르의 주장은 니체가 말하는 '위버멘시(Ubermensch)'가 되는 일과 일맥상통한다. 이 독일어를 처음 듣는 사람은 금발에 파란 눈, 무릎까지 오는 군화를 신은 나치 돌격대원이 밀집대형으로 다리를 높이 들고 행진하면서 브란덴부르크문을 통과하는 광경을 상상하기 십상이다. 그러나 실제로 위버멘시는 '초인'이라는 의미다. 바로 자기 자신을 극복한 사람이다. 초인은 자신의 가치를 창조하는 창조자로서 자기 자신을 창조한다. 자기 인생을 그려가는 예술가, 자기 인생을 써 내려가는 작가인 셈이다. 유대인 철학자 야곱 골롬(Jacob

Golomb)은 〈Nietzsche on Authenticity(니체의 진정성)〉에서 이렇게 표현한다. "권력 의지는 진정성을 추구하는 것과 일맥상통한다. 자아를 써 내려가는 자유로운 (초연적인 제한 안에서) 작가가 되려는 의지다. 최적의 권력 의지는 이상적으로 진정성 있는 '초인'에 의해 발현된다."[54]

부정적인 사람 혹은 자기기만에 빠진 사람은 좋지 않은 경험을 잊어버리거나 부정해야 할 경험이라고 규정한다. 그러나 자기 인생을 창조하는 예술가나 인생 전체를 능동적으로 주장하는 창조자는 그 경험을 배우는 과정으로 규정하고, 그 경험을 통해 자신이 더 강해지고 현명해졌다고 생각한다. 이들은 아무것도 후회하지 않는다. 지금까지 경험한 모든 것을 통해 자신이 만들어졌다고 생각하기 때문이다. 니체의 관점에 따르면 자신의 창조자는 자신의 악 혹은 다른 사람이 그 사람의 악이라 규정하는 것조차 후회하지 않는다. 자신의 가치를 창조하는 사람으로서 그는 자신의 악을 최선으로 재규정한다. 이런 일을 할 수 있다는 사실은 그 자체로 그의 진정성을 증명하는 참된 표식이다. "인생에서 위대한 시기는 우리가 자신의 악을 최선이라고 재평가할 용기를 얻는 순간이다."[55]

러시아 실존주의 작가 도스토옙스키의 소설 《죄와 벌(Crime and Punishment)》에 보면 주인공 라스콜니코프는 가난에서 벗어나기 위해 사악한 전당포 주인 노파와 그 여동생을 도끼로 살해한다. 물론 라스콜니코프가 복지 수당을 신청했다면 일이 이렇게 극단적으로 치닫지 않았겠지만, 1860년대 상트페테르부르크에는 사회보장제도가 그리 잘 정착되지 않았다. 라스콜니코프는 살인을 저지른 다음 반드시 나폴레옹 같은 남자가 되도록 노력해야겠다고 다짐한다. 나폴레옹은 자신이 저지른 범죄를 정당화할 수 있을 만큼 강한 남자이기 때문이다. 하지만 유감스럽게도 라스콜니코프는 나폴레옹과 달라서 자신의 더러운 행위를 어깨에 짊어지고도 개의치 않을 정도로 뻔뻔하지 못하다. 니체의 표현을 빌리면 라스콜니코프에게는 "과거를 벌충하고 일체의 '그랬다'를 '나는 그렇게 되기를 의도했다'로 변환할" 용기가 부족하다.[56)]

라스콜니코프는 자신이 저지른 범죄의 극악함을 삼켜버릴 만큼 강하지 못하기 때문에 그가 죄책감에서 벗어날 수 있는 유일한 방법은 자기기만에 빠지는 것뿐이다. 과거와 연을 끊음으로써 자신과도 연을 끊으려고 하는 자기기만이다. 내 말은 진정성에 이르기 위해서는 반드시 못된 노파를 도끼로 죽이고 다니면서 자기 행동에 전혀 개의치 않아야 한다는 뜻이 아니다. 진정성에 이르기 위해서는 자기 행동에 책임을 져야 한다는 뜻이다. 자기기만에 빠져 고해하고 '다시 태어났다'는 믿음으로 자기 행동과 연을 끊으려고 노력해서는 안 된다.

자기기만에 빠져 과거와 연을 끊는 일과 과거의 행동에 책임짐으로써 과거를 재정의하는 일은 극단적으로 다른 행동이다. 진정성으로 개종하기 위한 포부가 있는 사람이 자기기만을 극복하려 한다면 자신의 과거를 후회하지 않고 기꺼이 책임져야 한다. 후회하는 사람은 자신의 과거가 다른 것이기를 바란다. 그리고 이제껏 자유로운 존재로 살아왔고, 지금 또한 자유로운 존재면서도 자신이 자유로운 존재가 아니기를 바란다. 후회하는 사람은 자신의 자유를 통째로 끌어안지 못하며, 인생이 자유로 빚어낸 창조물이라는 사실을 받아들이지 못한다. 니체는 삶에 대한 가장 수준 높은 긍정은 영속적인 반복을 욕망하는 것이라고 주장한다. 우리가 자신의 자유를 진정으로 끌어안고 인생이 자유로 빚어낸 창조물이라는 사실을 긍정하기 위해서는 사소한 사건까지 빼놓지 않고 처음부터 무한 반복하여 살아가는 가능성을 받아들여야 한다. 니체가 영속적인 반복에 대해 아주 훌륭하게 표현한 단락을 통째로 인용한다.

> **최대의 중량** 어느 날 낮 혹은 어느 날 밤에 악령이 너의 가장 깊은 고독 속으로 살며시 찾아들어 이렇게 말한다면 그대는 어떻게 하겠는가. "네가 지금 살고 있고 지나온 삶을 너는 다시 한 번 살아야 하고, 무수히 반복해서 살아야 할 것이다. 거기에 새로운 것이란 없으며 모든 고

통과 쾌락, 사상, 탄식, 네 삶에서 말할 수 없이 크고 작은 모든 것들이 네게 다시 찾아올 것이다. 모든 것이 같은 차례와 순서로 — 나무들 사이의 이 거미와 달빛, 그리고 이 순간과 나 자신도. 현존재의 영원한 모래시계가 거듭 뒤집혀 세워지고, 티끌 중의 티끌인 너도 모래시계와 더불어 그렇게 될 것이다!" 그대는 땅에 몸을 내던지며 그렇게 말하는 악령에게 이를 갈며 저주를 퍼붓지 않겠는가, 아니면 그대는 악령에게 이렇게 대답하는 엄청난 순간을 경험한 적이 있는가? "너는 신이로다. 나는 이보다 신성한 이야기를 들어보지 못했노라!" 이런 생각이 그대를 지배하면 그것은 지금의 그대를 변화시킬 것이며, 아마도 분쇄할 것이다. "너는 이 삶을 다시 한 번, 그리고 무수히 반복해서 다시 살기를 원하는가?"라는 질문은 모든 경우에 최대의 중량으로 그대의 행위에 얹힐 것이다! 이 최종적이고 영원한 확인과 봉인 외에 '더는' 아무것도 '요구하지' 않기 위해, 그대 자신과 그대의 삶을 어떻게 만들어가야 하는가?"[57)]

인생을 다시 한 번 완전히 똑같이 살고 싶지 않다면 잘못 살고 있는 것이라는 니체의 생각에는 타협의 여지가 없다. 니체는 우리에게 묻는다. "그 일을 다음 생에도 되풀이하고 싶지 않다면 지금 왜 그 일을 하는가?" 그러나 형이상학적 관점에서 영속적인 반복은 골치 아픈 문제다. 삶이 영원히 반복된다는 것이 진실이라면 지금 이 생애는 우리가 이전에 산 무수한 생애, 앞으로 살아갈 무수히 많은 생애와 완전히 똑같아야 한다. 우리는 아무것도 바꿀 수 없다. 그리고 아무것도 바꿀 수 없다면 우리는 자유로울 수 없다. 니체가 진심으로 우리가 완전히 똑같은 삶을 영원히 되풀이해서 살아간다고 믿었는지는 아직도 논쟁이 한창이다. 하지만 니체에게 중요한 것은 우리 삶이 영원히 되풀이되는지 여부가 아니라 이런 전제가 어떻게 우리 삶에 윤리적 시험으로 작용하는가 하는 문제다.

'우리는 어떻게 살아야 하는가?'라는 영원한 윤리적 질문에 니체는 다음과 같이 대답한다. 인생의 모든 순간을 하나도 빼놓지 않고 영원히 되풀이해서 살아가기를 바랄 수 있을 만큼 그렇게 살기를 열망하라. 니체는 이 답을 '위대함을 위한 공식'이라 부른다. "인간이 위대해지기 위한 내 공식은 운명애(amor fati)다. 과거에도, 미래에도 영구히 자기 자신 말고 다른 것이 되고 싶지 않은 것이다."[58] 자신의 과거를 거부하고 낡은 장화처럼 내다 버린 라스콜니코프는 위대함을 위한 니체의 공식을 실천하지 못한 것이다. 진정한 실존주의자가 되기 위해, 진정한 실존에 이르기 위해 우리가 니체의 위대함을 위한 공식을 실천해야 한다는 것은 분명한 사실이다. 결코 쉽지 않은 일이지만 그래야 한다. 아마도 영구히.

:: 하이데거의 진정성 : 죽음을 향한 존재

진정성에 대해 할 말이 많은 또 다른 실존주의 철학자는 — 비록 그 자신은 우익 정치 성향 탓에 진정성에 도달하는데 비참하게 실패했지만 — 하이데거다. 그는 진정성의 기투에는 인간 현실의 불가피한 진실을 긍정하는 일이 필요하다고 생각한다. 이런 면에서 하이데거는 사르트르와 견해가 비슷하다. 사르트르에게 두 번째로 큰 영향을 미친 인물이 — 정치 문제는 별도로 — 하이데거라는 사실을 놓고 볼 때 이는 놀랄 일도 아니다. 사르트르에게 가장 큰 영향을 미친 인물은 하이데거를 가르친 후설이다. 사르트르는 후설에게 직접 배우지 않았지만, 1933년 프랑스 학사원의 안식년(9개월) 동안 베를린에서 후설의 사상을 철저하게 공부했다. 다 이런 식으로 연결되게 마련이다.

우리가 살펴보았듯이 사르트르는 진정성을 성취하기 위해 자유를 인정하고 긍정하는 일을 강조한다. 반면 하이데거가 강조하는 것은 죽을 수밖에 없는 인간의 운명이다. 하이데거에게 진정성이란 '진정으로 죽음을 향한 존재'다. 죽음이라니, 어두운 주제다. 죽음에 비정상적인 관심을 기울인다는 면에서 조금 병적이라고도 할 수 있을 것이다. 그러나 하이데거가 관심을 기울이는 부분은 인간은 언제고 죽게 마련이라는 사실에 진정하거나 비진정한 자세를 갖출 수 있다는 점이다. 하이데거는 각 인간존재를 '다자인(Dasein)'이라 부른다. 독일어 다자인은 '현존재(現存在)'라고 번역된다. 현존재는 이 세계에서 한 사람의 고유한 시간적 · 공간적 위치를 의미한다. 하이데거는 "죽음은 현존재의 가장 '자기적인(ownmost)' 가능성"[59]이라고 말한다.

현재에 존재하는 죽음에 대한 변하지 않는 가능성, 미래에 일어날 죽음의 불가피성은 현존재의 중심에 놓였다. 우리의 현재는 이 현재에 끊임없이 기생하는 죽음에 대한 약속에서 기인하는 유한성에 빚지고 있다. 진정으로 죽음을 향한 존재가 되기 위해 우리는 살아가는 방식에서 자신의 시간이 유한하다는 사실, 죽음을 피할 수 없다는 사실을 전적으로 받아들여야 한다. 사람은 죽게 마련이라는 인식에서 한발 더 나아가 자신이 죽을 수밖에 없는 존재라는 사실을 인정하면서 우리는 자신을 또 다른 '타자'라고 생각하는 자기기만에서 벗어난다. 그리고 자신이 '나의' 죽음이라는 고유한 가능성으로 존재한다는 사실을 깨닫는다. 하이데거에 따르면 "죽음의 비상관적인 속성은, 앞서 이해되는 경우 현존재를 그 자신까지 개별화한다".[60]

당연한 일이지만 사람은 나이 듦에 따라 '나는 반드시 죽는다'는 사실을 깨닫기 시작한다. 그것을 깨닫는 순간 우리는 철이 들고 진정한 어른이 된다. 반면 젊은이들은 '내'가 죽는다고 생각하기보다 '(다른) 사람은 죽는다'고 생각하게 마련이다. 나이 든 세대와 젊은 세대는 아마도 트위드 재킷이나 고요함, 후드 티셔츠나 랩뮤직에 대한 취향보다 자신의 필멸성을 어떻게 인식하는가에 따라 확실하게 구분될 것이다. 다른 곳은 모르지만 적어도 서구 사회에서 젊은 세대는 노인층을 전체 인류 집단과 동떨어진 개별적인 집단으로 생각하는 경향이 있다. 한때 젊은 시절을 누렸고 단지 죽음에 가까워질 만큼 오래 살아남은 사람이 아니라 언제나 늙은 채로 있는, 점점 쇠약해지면서 죽음을 향해 다가가는 혐오스러운 존재라고 생각하는 것이다. 젊은이들이 노인을 멸시하고 경멸하는 감정은 노인 집단을 사회에서 소외하는 원인이자, 그런 현상의 결과다.

한 젊은이가 70세 노인을 비웃자 노인이 말했다. "지금은 날 비웃지만 자네 또한 나만큼이나 오래 살고 싶을걸." 물론 "난 늙기 전에 자살할 거야. 서서히 사라지기보다 한번에 불태우는 게 나아"라고 답하는 젊은이도 있을 것이다. 하지만 그 젊은이들은 자기가 무슨 말을 하는지 알지 못한다. 자기가 무슨 말을 하는지 모른다는 점에서 "나는 안 죽어. 영원히 살 거야"라고 말하는 어린아이와 다를 바 없다. 젊은이는 많이 살아보지 못해서 제대로 아는 게 없다. 그들도 어쩔 수 없는 일이다. 신약성경 〈고린도전서〉 13장 11절에서 유려하게 표현하듯이 "내가 어렸을 때에는 어린아이처럼 말하고 생각하고 판단하였으나 어른이 되어서는 어렸을 때의 일을 버렸습니다".

젊은이들은 또 자신을 언제나 젊음을 유지하는 불멸의 집단이라고 생각하는 경향이 있다. 충분히 오래 살아남는다면 자신들도 언젠가는 늙고 죽음에 가까워지리라는 데까지 생각이 미치지 못하는 것이다. 이런 자세는 젊은이의 오만함에서 나온다. 젊은이는 아직 미숙하고 순수하다는 이유로 그 오만함을 용서받을 수 있을 것이다. 자신이 늙고 죽음을 맞이하리라고 생각하지 못하는 것은 젊은이의 특권이기 때문이다. 나이 들면서 현명해진 이들 또한 이런 젊은이의 특권을 부러워할 것이 분명하다. 그럼에도 자신이 늙어 죽지 않으리라 생각하는 젊은이는 자기기만에 빠졌다고 할 수 있다. 젊음과 늙음을 가차 없이 흐르는 과정의 한 단계가 아니라 고정된 상태라고 보는 자기기만이다.

노인이 자신보다 한층 죽음에 가깝다고 여기는 젊은이 또한 자기기만적이다. 의학이 발달했다고 해도 인간은 100세가 훌쩍 넘을 때까지 살지 못한다. 그러므로 어떤 의미에서는 노인이 죽음에 좀더 가깝다고 말할 수도 있다. 하지만 죽음은 — 내일이라도 우리에게 다가올 수 있는 — 나이를 불문하고 모든 사람에게 가능성으로 항상 존재한다. 70세가 된 노인이 그를 비웃은 젊은이보다 오래 살지도 모른다. 그 젊은이가 오토바이를 좋아한다면 그럴 가능성은 더욱 높아진다. 사르트르는 죽음을 우리가 처한 상황에 따라 더 가까워질 수도 있고, 더 멀어질 수도 있는 탄력적인 한계라고 표현한다. 이를테면 어제 고열에 시달린 사람은 건강을 회복한 오늘보다 어제 죽음과 가까웠다고 할 수 있다.

우리는 자신의 죽음이라는 고유한 가능성으로 존재한다는 사실을 인식함으로써 자신을 옆 사람의 복제인 양, 모든 사람의 복제인 양 취급하기를 그만둘 수 있다. 하이데거에게 참된 진정성이란 이런 것이다. 진정한 사람은 진정한 예술품과 마찬가지로 하나밖에 존재하지 않는다. 진정한 사람의 인생이라고 해서 다른 숱한 이들의 인생과 별다를 게 없어 보일지도 모르지만, 진정한 사람은 자신만의 고유한 인간이며 자신을 고유한 인간이라고 규정한다.

우리는 '내가' 죽을 것이라는 사실을 충분히 깨닫고, 그 깨달음에 따라 행동할 때만 어디에도 의존하지 않고 혼자 힘으로 일어서 존재하고 살아가기를 진정으로 시작할 수 있다. 우리는 자신의 죽음에 대한 책임을 받아들임으로써 자기 삶과 자신이 선택한 삶의 방식에 대한 책임을 받아들인다. 인간의 필멸성을 자기 것으로 깨닫고 받아들이는 일은 자기기만을 극복하는 일이다. 이런 하이데거의 관점은 후회 없이 사는 것이 진정성이라는 니체의 관점과도 맞아떨어진다. 자유를 긍정하기 위해 '전' 생애를 후회 없이 긍정하는 일에는 자신의 필멸성을 긍정하는 일 또한 뒤따라야 하기 때문이다. 필멸성을 긍정하는 일은 죽음의 전망을 즐기거나 자살을 바라는 마음이 아니라, 삶이 유한하다는 사실을 인정하고 살아가는 방식에서 삶의 유한함이 의미하는 바를 인정하는 일이다.

니체가 말하는 초인의 주요 특징은 자신의 필멸성을 인식하고 인정하는 것이다. 초인은 자신의 필멸성을 제대로 이해하는 것은 물론, 피할 수 없는 죽음에 대한 공포로 옴짝달싹 못하지 않는 사람이다. 초인은 죽음에 대한 두려움이 자신을 잠식하여 어떤 위험을 감수하지 못하거나, 삶을 최대한 누리지 못하도록 내버려두지 않는 사람이다. 시몬 드 보부아르는 죽음에 대한 이런 태도가 소심한 자기 보호 본능보다 자유에 대한 긍정에 가치를 두는 용기 있는 사람을 규정하는 필수 요소라고 주장한다. "인간은 필멸이라는 조건에서 인간으로 존재하기 때문에 죽음조차 악이라 할 수 없다. 인간은 필멸성을 자기 삶의 자연스러운 한계로, 매번 내딛는 발걸음에 내포된 위험으로 받아들여야 한다."[61] 죽음이 두렵기 때문에 모험을 무릅쓰지 않고 삶을 최대한 누리지 못하는 사람 또한 언젠가 죽는다. 이들은 진정으로 살아보지 못한 채 죽는다. 은유적으로는 벌써 숱하게 죽음을 경험한 셈이다. "비겁한 자는 실제로 죽기 전 여러 번 죽으나, 용기 있는 자는 오로지 한 번 죽음의 맛을 본다오"(〈줄리어스 시저〉, 2막 2장)라고 쓰면서 셰익스피어가 말하고자 한 바는 바로 이것이다.

자신의 필멸성을 끌어안은 사람의 삶은 그렇지 못한 이웃의 삶과 비교하여 겉으로 드러나는 모습은 크게 다를 것이 없다. 그러나 자신의 필멸성을 끌어안은 사람은 자기의 고유한 삶을 창조하며 진정성을 성취한다. 적어도 진정으로 죽음을 향한 존재라는 하이데거의 관점에서는 진정성을 성취하는 것이다. 진정한 실존주의자라면 자신의 시간이 영원한 듯 살아서는 안 된다. 시간을 헛되이 보내고, 정말 하고 싶은 일을 무작정 미루며 살아서는 안 된다. 그렇다고 매일 마지막 날인 양 살아야 한다는 것은 아니다. 상대적으로 길게 내다보면서 계획을 세우고 행동할 최적의 기회를 기다리지 않으면 인생에서 많은 일을 성취할 수 없기 때문이다.

지금 이 순간만을 위해 살아야 한다고 말하는 남자와 알고 지낸 적이 있다. 그 남자는 자신이 손에 넣을 수 있는 즐거움과 쾌락을 순간순간 즐기면서 방종하게 살았다. 당장 손에 잡히는 쾌락의 신전에서 예배를 드렸고, 인내심과 신중함과 절제를 유예된 즐거움으로 여기고 경멸했다. 실제로 그 남자는 술을 삼가고 돈을 저축하고 일찍 은퇴하는 사람을 바보 취급할 때 '유예된 즐거움'이라는 표현을 자주 사용했다. 그 남자는 감탄을 자아낼 만큼 훌륭하게 자신의 철학을 고수했고, 방탕한 생활을 이어갔다. 그리고 서른이 되기 전에 알코올중독자가 되었고, 운 나쁘게도 목숨을 잃고 말았다.

실제로 매일 마지막 날이라고 생각하면 흥청망청 놀면서도 하루하루 불안에 떨며 살아갈 수밖에 없다. 그리고 빠른 시일 내에 신경과민에 걸리고, 술에 취한 파산자가 될 것이다. 그럼에도 우리는 순간순간 다시는 돌아오지 않을 소중한 시간이라는 사실을 인식하며 살아야 한다. 담배를 끊고 귀리를 챙겨 먹고 차 안에서 안전벨트를 매고 암살 시도를 피하며 살아갈 시간을 벌 수도 있지만, 핵심은 그게 아니다. 삶을 연장하기 위해 최선을 다하는 것이 합리적인 행동이라는 것은 확실하다. 하지만 인생을 최대한으로 살지도 않으면서 시간을 번다 한들 무슨 소용인가? 56년 1개월 24일 동안 충실하게 산 에이브러햄 링컨이 했을 법한 말처럼(하지만 정말 이렇게 말한 적은 없는 듯싶다) "결국 중요한 것은 살아온 햇수가 아니다. 그 햇수만큼 유지해온 우리의 삶이다".

진정한 실존주의자가 되어라. 진정하게 살아가라. 자유를 움켜쥐어라. 오늘을 즐겨라. 고귀한 로마인들이 말한 대로 지금 이 순간에 충실하라! 카르페 디엠!

5

실존주의 상담
Existential Counselling

Simone de Beauvoir
1908~1986

나는 앞에서 실존주의 상담이라는 것이 존재한다는 이야기를 했다. 실존주의 상담은 요즘 성황을 이루는 상담 치료 기술로, 실존주의에 대해 잘 알고 남의 말을 잘 들어주는 상담사들이 우리가 좀더 정직하고 능동적으로 후회하지 않고 살아갈 수 있도록 도와준다. 실존주의자가 되는 법에 대해서 조언을 해준다는 이유로 이 책 또한 일종의 실존주의 상담 역할을 한다고 할 수 있기 때문에 나는 결론에서 실존주의 상담이라는 주제로 돌아와 몇 마디 덧붙여도 좋겠다고 생각했다. 어쩌면 이 책을 다 읽은 뒤 상담을 받아봐야겠다고 결심할 수도 있다. 아니면 긴 턱수염을 기르고(여자도 예외는 아니다) 현명한 표정을 익힌 다음 가죽 의자와 놋쇠 접시를 놓고 실존주의 상담사의 길을 걷기 시작할지도 모른다.

실존주의 상담의 포괄적인 목표는 사람들이 자신의 삶 혹은 자기 자신을 좀더 나은 방향으로 바꿀 수 있도록 돕는 일이다. 실존주의 상담사는 환자 혹은 손님이라고도 불리는 고객에게 '삶을 더 나은 방향으로 바꾸는 일'이 자신에게 무엇을 의미하는지 스스로 탐구하도록 부추길 것이다. 상담 과정에서 더 나은 방향에 대한 고객의 생각이 달라지게 마련이다. 실존주의 상담사는 우리 존재에 고정된 것은 없으며, 우리가 최소한 현재의 마음가짐이나 습관, 실패, 고민거리를 극복하기 위해 노력할 수 있을 만큼 자유롭다는 점을 강조하면서 폭넓은 자기 향상을 이룰 수 있다는 사실을 깨닫도록 부추긴다. 우리가 현재 자신으로 존재한다면 지금 모습을 의도적으로 바꿀 수 있는 어떤 희망도 없으며, 이러지도 저러지도 못한 채 지금 모습으로 존재할 수 있을 뿐이다. 하지만 우리가 자신이 선택한 산물이라면 현재 모습을 극복하고 바꿀 희망은 언제든지 존재한다.

실존주의 상담사의 주요 임무 중 하나는 고객을 설득하여 앞서 기술한 대로 고객이 자유로운 존재이며, 자유로운 존재로서 자신을 더 나아지게 할 능력이 있다는 사실을 인정하도록 하는 일이다. 상담사는 고객을 설득하는 과정에서 고객이 이해할 수 있는 수준에 맞추어 철학 논쟁 비슷한 대화를 할 수도 있다. 그러나 고객이 진실과 마주할 준비가 되기도 전에 가혹한 실존주의적 진실과 마주하도록 몰아붙여서는 안 된다. 여기에서 실존주의 상담과 이 책의 큰 차이가 나타난다.

이 책에서는 충격을 흡수하는 보호 장구 하나 없이 가혹한 실존주의적 진실을 단도직입적으로 적나라하게 털어놓기 때문이다. 하지만 훌륭한 실존주의 상담사는 친절한 연인처럼 부드럽고 서두르지 않는다. 에미 반 되르젠스미스(Emmy van Deurzen-Smith)는 말한다. "넘겨짚기보다 귀 기울이는 능력, 고객이 하는 말의 의미를 왜곡하기보다 그대로 반영하는 능력, 고객을 혼란에 빠뜨리기보다 안심시키는 능력처럼 기본적인 상담 기술이 전제된다."[62] 부드럽고 서두르지 않는 것이 상담사에게 '금전상으로' 이득이기도 하다. 고객이 진정제를 맞은 달팽이처럼 느린 속도로 치료 받는 동안 돈을 더 많이 벌 수 있기 때문이다.

실존주의 상담에서는 환자의 과거를 철저하게 파헤쳐 환자 자신의 고유한 전기를 이어 맞추는 일이 아주 중요하다고 강조한다. 사르트르는 프랑스의 유명한 작가 몇 사람에 대해 세부 사항에 극도로 충실한 정신분석학적 전기를 집필하면서 실존주의 상담 치료의 토대가 되는 정신분석 방법을 제시했다. 사르트르는 이 전기를 통해 샤를 보들레르(Charles Baudelaire), 장 주네(Jean Genet), 귀스타브 플로베르의 무시무시한 속내를 심리학적으로 파고드는 한편, 실존주의 정신분석이 어떻게 실행되어야 하는지 '보여준다'. 실존주의 상담사는 그 사람을 분류하여 정리하거나, 그 사람의 개성을 어디에나 통용되는 심리학적 딱지를 한 뭉치 붙여 설명하는 대신 사르트르가 프랑스 작가에게 한 것과 마찬가지로 개인을 그대로 두려고 노력한다. 실존주의 상담의 목적은 그 사람을 우울증이나 신경증이라고 진단하는 것이 아니며, 그 사람의 고유한 '근원적인 선택(fundamental choice)'을 찾아내는 것이다.

우리의 선택은 근원적인 선택 혹은 독자적인 선택으로 거슬러 올라갈 수 있다. 근원적인 선택은 어린 시절 자의식이 생기기 시작할 무렵, 특정 사건을 겪으면서 하는 선택이다. 그 사건 자체는 별것 아닐 수도 있다. 이를테면 티타임에 나온 케이크 마지막 조각을 두고 여동생과 다투었다든가 하는 일이다. 하지만 그런 사건에 우리가 대응하는 방식이 중요하다. 그 대응 방식은 행동을 선택하는 과정의 시작점이기 때문이다. 우리는 그렇게 선택된 행동을 통해 자신이 어떤 부류인지에 대한 관점을 긍정하거나 부정한다. 우리가 자신의 근원적인 선택에 응하여 선택하는 행동은 '근원적인 기투(fundamental project)'로 성립한다. 근원적인 선택은 이렇다 할 근거 없이 제멋대로 이루어지지만 자아의 선택임이 분명하며, 그 뒤를 잇는 모든 선택의 기반을 마련한다. 다시 한 번 강조하지만 근원적인 선택은 개인마다 고유하며, 그 사람의 개인적인 역사를 세세하게 살펴볼 때 찾아낼 수 있다.

사르트르와 랭을 비롯한 실존주의 정신분석가들은 사람에게 '근본적인 전환(radical conversion)'의 가능성이 존재한다는 입장을 고수한다. 사람은 근본적인 전환을 겪으면서 자신의 근원적인 선택을 새로이 하고, 자신을 재정의—잘되면 더 좋은 방향으로—할 수 있다는 것이다. 개인에게 근본적인 전환을 할 능력이 있다는 사실은 실존주의 상담의 관심이 미치는 한도에서 가장 중요한 의미가 있다. 질문 하나. 전구를 바꾸는 데 필요한 실존주의 상담사는 몇 명일까? 한 명. 하지만 그 상담사와 전구 모두 바뀔 수 있다는 사실을 진심으로 믿어야 한다.

사르트르에 따르면 《보바리 부인(Madame Bovary)》을 쓴 귀스타브 플로베르는 20대 초반 인생의 향방을 완전히 바꾸는 일을 겪었다. 실존주의 상담사의 도움을 받은 것이 아니라, 플로베르의 인생에 심각한 위기가 닥쳤기 때문이다. 플로베르가 겪은 근본적인 전환을 이해하기 위해서는 그의 가정환경에 대한 배경 지식이 필요하다. 실제로 사르트르는 플로베르의 근본적인 전환을 이해하기 위해서는 그의 가정환경을 속속들이 알아야 한다고 생각한다. 사르트르가 지금껏 집필한 어떤 책보다 두꺼운 책을 쓴 것은 이 때문이다. 이 책에서 사르트르는 플로베르의 인생과 그 시대를 별것 아닌 사건까지 세세하게 파고들어 해부한다. 여기에서는 자비로운 마음에서, 또 책이 너무 길어지는 일을 막는 차원에서 플로베르의 가족사를 간단하게 설명하고 넘어가자.

나처럼 "이건 다 부모 탓이야"라는 말을 자주 하는 사람이라면 상처 받은 소년이 등장하는 플로베르의 슬픈 이야기를 자세히 듣기도 전에 모든 일을 부모 탓으로 돌리는 낡은 편견을 한층 더 확신할 것이다. 그러나 대다수 어리석은 부모와 달리 플로베르의 부모는 아이를 잘못 키우는 바람에 의도하지 않았지만 아이를 문학사에 길이 남을 위대한 작가로 만드는 데 일조했다.

귀스타브의 외할머니는 귀스타브의 어머니 카롤린을 낳다가 목숨을 잃었다. 어머니를 죽였다는 카롤린의 죄책감은 열 살 때 슬픔에 젖어 괴로워하던 아버지가 세상을 떠나자 한층 더 무거워졌다. 카롤린의 아버지는 계속 살아갈 힘을 얻을 만큼 딸을 사랑하지 않았다. 카롤린은 아버지를 부활시켜 죄책감을 덜어내려는 마음으로 아버지의 복사판이라 할 수 있는 아실르 클레오파와 결혼했다. 아실르는 카롤린의 아버지처럼 엄격하고 지배적인 성격에, 의사로 성공적인 활동을 벌이던 남자다. 결혼 생활은 행복했다. 카롤린은 남편을 맹목적으로 사랑했고, 곧 아들 아실르가 태어났다. 그러나 귀스타브가 태어날 무렵 카롤린은 아이를 여러 명 잃었고, 아실르는 여러 정부와 바람피우고 있었다.

카롤린은 자신의 외로운 어린 시절을 보상해줄 딸을 바랐기에 귀스타브의 탄생은 큰 실망으로 다가왔다. 게다가 귀스타브 바로 위의 두 형제가 오래 살지 못했기 때문에 귀스타브 또한 오래 살 것이라 기대하지 않았다. 부모의 기대에 어긋나고 미래가 없는 갓난아기는 욕구만 채워줄 뿐, 기술적으로 아주 훌륭하지만 애정은 느낄 수 없는 보살핌을 받았다. 사르트르는 플로베르의 근원적인 선택을 수동성이라고 규정한다. 적어도 플로베르가 근본적인 전환을 겪기 전에는 그랬다는 말이다. 귀스타브에게는 자기 의견을 말할 기회, 자신이 의미 있는 존재라고 생각할 기회, 어머니가 분칠하고 응석을 받아주는 인형보다 나은 존재라고 느낄 기회가 없었다.

아버지에게 받은 대접도 마찬가지다. 아버지의 애정과 희망은 모두 귀스타브의 형, 나중에 아버지처럼 성공한 의사가 되는 아실르에게 쏠려 있었기 때문이다. 귀스타브는 잘나빠진 형을 질투했다. 기본적인 욕구만 충족될 뿐, 인간으로서 간과된 귀스타브의 지적 발달은 비참할 정도로 느렸다. 귀스타브는 일곱 살이 되어서도 글을 읽지 못했다. 가족은 귀스타브를 '백치'라고 여기면서 귀스타브가 소극적인 아이가 된 가장 큰 이유인 낮은 자존감을 한층 강화했다. 여기에서 사르트르가 쓴 방대한 책의 풍자적인 제목 'The Family Idiot'가 탄생했다.

귀스타브는 결국 지역 성직자에게서 글 읽는 법을 배웠

다. 아직도 평소 행동에는 수동적인 기미가 가시지 않았고 멍하니 생각에 빠져 있기 좋아하는 성격 탓에 모자란 아이처럼 보이기는 했지만, 귀스타브는 자신의 새로운 재능을 단단히 움켜쥐었고 아홉 살에 이야기를 지어내기 시작했다. 아버지는 귀스타브의 생각은 묻지도 않고 아들이 변호사가 되어야 한다고 결정을 내렸다. 귀스타브는 평소처럼 수동적으로 아버지의 계획에 따랐다. 그동안 귀스타브에게는 심신성 신경장애라는 병이 자라고 있었다.

1844년 귀스타브가 어쩌면 간질 발작인지도 모를 신경 발작을 일으켰을 때 그의 인생에 결정적 순간이 도달했다. 발작으로 옴짝달싹 못하는 바람에 아버지가 자신을 위해 선택해준 일을 계속 해낼 수 없게 된 것이다. 어쩌면 플로베르가 일부러 끌어들인 그 위기는 아버지의 지배에서 풀려나 작가가 될 수 있는 절호의 기회가 되었다. 귀스타브의 가족은 병약하고 아무짝에도 쓸모없는 환자가 글이나 쓰도록 내버려두었다. 백치가 마침내 천재로 둔갑할 수 있는 자유를 얻은 셈이다.

사르트르의 관점에서 플로베르가 겪은 위기는 진정성을 향한 근본적인 전환이었다. 드디어 자신의 수동성, 선택하지 않는 선택, 자기기만을 포기하고 자신을 주장하는 행위다. 비록 겉모습은 정신 붕괴의 형태를 띠지만, 실제로는 자유의 능동적인 긍정인 행위를 통해서 플로베르는 다른 사람을 위해 존재하기를 그만두고 자신을 위해 존재하기 시작했다.

실존주의 상담사는 고객이 자신의 불가피한 자유를 자각할 수 있도록, 고객이 플로베르나 여타 사람들과 마찬가지로 고정된 존재가 아니며 근원적인 선택의 산물이라는 사실을 발견하도록, 그 근원적인 선택은 바뀔 수 있다는 사실을 깨닫도록 돕는다. 실존주의 상담사의 목표는 고객이 자신을 극복하고 힘을 키울 수 있는 전략을 만들어내도록 유도하는 일이다. 이 단계에서 실존주의 상담사는 고객에게 자신과 세계, 타인과 관계에 긍정적인 변화를 이끌어내기 위해 시도해봄 직한 행동 전략에 대해 충고해줄 수도 있다.

실존주의 상담사 빅터 프랭클(Viktor Frankl)은 한 남자의 사례에 대해 이야기한다. 그 남자는 자신을 땀 흘리게 만드는 사람들과 함께 있는 자리에서 땀을 흘리는 일에 대한 공포에 시달렸다. 프랭클은 땀 흘리는 능력에 '자부심'을 느끼는 방향을 선택하라고 충고했다. 불안감을 일으키는 사람을 만날 때마다 '전에는 땀을 1리터밖에 흘리지 않았지. 지금은 적어도 10리터는 흘려주겠어!'라고 다짐해보라고 충고한 것이다. 이 전략은 빠르게 효과를 발휘했고, 그 남자는 자신의 공포증에서 자유로워질 수 있었다.

수많은 경우 상담사는 고객에게 어떻게 전략을 개발하라고 충고할 필요도 없다. 자신이 자유롭다는 사실, 근본적인 전환이 가능하다는 사실 등을 깨닫는 과정에서 전략은 저절로 그 모습을 드러내기 때문이다. 고객이 자신의 전략을 만들어간다는 것은 그 자체로 고객이 나아지고 있다는 것을 보여주는 증거다. 실존주의 상담에서는 언제나 고객에게 앞장서서 주도권을 잡으라고 격려한다. 실존주의 상담 치료의 주요 목표가 개개인에게 힘을 실어주기 위함이라는 사실을 생각할 때 이는 그리 놀랄 일도 아니다.

이를테면 자신의 자유를 머리로 인식하는 일은 거미 공포증을 극복하기 위한 환자의 첫걸음이 될 수도 있다. (하지만 전 미국 대통령 조지 부시와 전 영국 총리 토니 블레어가 시달리는 이라크 공포증은 어떤 약으로도 치료할 수 없을 것이다.) 자신이 거미를 무서워하는 사람으로 고정되지 않았다는 사실을 깨달으면서 환자는 어떤 의미에서 자신이 거미를 무서워할 수밖에 다른 도리가 없는 사람으로 선택한 것이 분명하다는 사실을 인식한다. 환자는 거미를 무서워하는 행동을 할 때마다 거미를 죽임으로써 자신의 선택을 재확인한다. 거미 공포증을 해결하는 방법은 자신의 선택을 재확인하는 행동을 자제하는 것이다. 그러니까 이 공포심이 자신도 어쩔 수 없는 고정된 것이라는 잘못된 믿음을 재확인하는 방식으로는 행동하지 않으려고 노력하는 것이다. 물론 처음에는 결코 쉽지 않은 일이다. 그러나 비합리적인 공포에 대한 지속적인 기투를 버림으로써 환자는 마침내 흔한 집거미를 두려워할 필요가 전혀 없다는 사실을 깨닫게 될 것이다. 하지만 그 환자가 치명적인 독이 있는 블랙위도우를 비롯하여 다양한 독거미가 서식하는 호주에 산다면 거미 공포증을 치료하지 않는 편이 나을지도 모른다. 공포증과 신경증이 항상 나쁜 것은 아니다. 우리는 공포증과 신경증 덕분에 자신을 보호할 수도, 올바른 방향으로 나아갈 수도 있다.

실존주의 상담사는 환자가 자신의 자유, 변할 수 있는 능력을 깨달을 수 있도록 돕는 것을 목표로 삼는다. 마찬가지로 실존주의 상담사는 환자가 실존주의에서 규정한 인간 현실에 대한 기본적인 진실을 감수할 수 있도록 노력한다. 이를테면 우리는 결코 완전히 만족되지 못할 무언가가 되어가는 끊임없는 과정으로 존재한다는 진실 같은 것이다. 우리가 복권에 당첨된다 한들, 돌고래와 헤엄을 치고 탱크를 몰고 버스를 깔아뭉갠다 한들 그 무언가는 완전히 만족될 수 없다. 우리가 원하는 것, 빠졌다고 생각하는 것이 더 있을 것이기 때문이다. 무언가를 갈망하는 일, 옆집 잔디가 더 푸르다고 생각하는 일은 현재 자신으로 있지 않고 미래의 자신과 일치하기 위해 끊임없이 노력하는 인간존재의 근본적인 속성이기 때문이다. 실존주의 상담 치료는 이 사실을 깨닫기만 해도 우리가 앞으로 겪을 엄청난 고통에서 벗어날 수 있다는 전제 아래 실행된다. 우리는 이 사실을 인정하면서 지금 크나큰 행복을 느끼지 못하고, 언제나 만족을 느끼지 못하는 것이 자신에게 무언가 크게 잘못된 점이 있기 때문이라고 생각하지 않을 수 있다.

어떤 의미에서 실존주의 상담의 목표는 자신의 모습을 그대로 참고 견딜 필요가 없다는 사실을 알려주는 것이라 할 수 있다. 다른 의미에서 실존주의 상담의 목표는 살아 있다는 자체가 피할 수 없는 고난을 겪는 일이라는 사실을 알려주는 것이다. 게리 S. 벨킨(Gary S. Belkin)이 《Introduction to Counselling(상담의 이해)》에서 이야기한, 불안에 대한 실존주의 상담의 접근법을 생각해보자. 앞에서 살펴보았듯이 불안이나 공포는 우리가 자유롭다는 사실을 인식하는 데서 비롯되는 불가피한 현상이다. 벨킨에 따르면 "실존주의 상담사는 정신분석가나 행동 상담사들과 달리 불안을 위험하다거나 신경증이라고 여기지 않으며, 오히려 존재의 근원적인 조건으로 받아들인다. 상담사의 역할은 고객이 불안을 자신의 근본적인 존재의 일부로 받아들이도록 돕는 것이다".[63] 우리는 어느 정도의 불안감을 당연하다고 인정하면서 불안하다는 사실에 불안해지는, 불안이 눈덩이처럼 불어나는 처지에서 벗어날 수 있다.

실존주의 상담의 궁극적인 목표는 고객이 자기 삶의 의미를 발견할 수 있도록 돕는 것이다. 삶이 본질적으로 부조리하고 무의미하다고 주장하는 철학을 토대로 하는 상담의 목표치고는 얼핏 이상하게 보이기도 한다. 하지만 우리는 삶의 본질적인 무의미함에 대한 믿음 뒤에 무엇이 이어지는지 반드시 이해해야 한다. 무엇이 이어지는가? 자기 삶에 의미를 부여할 수 있는 것은 자신뿐이라는 사실, 어떤 의미라도 부여할 수 있다는 사실이다. 우리는 자신이 세운 목표를 통해, 자신이 하는 선택을 통해, 자신이 하는 행동을 통해 자기 삶에 의미를 부여한다. 실존주의 상담에서 도달하려고 노력하는 낙천적인 목표는 고객에게 자기 삶이 아직 쓰이지 않은 책, 그 자신만 쓸 수 있는 책이라는 사실을 알려주는 것이다.

삶은 우리가 부여하기로 선택한 의미만 지니기 때문이다.

주

1. Dickens, Charles, *Bleak House* (London: Penguin, 2003), p. 227.
2. Nietzsche, Friedrich, *Beyond Good and Evil: Prelude to a Philosophy of the Future*, trans. R. J. Hollingdale (London: Penguin, 2003), 185, p. 107.
3. Ibid., 10, p. 40.
4. Sartre, Jean-Paul, *Being and Nothingness: An Essay on Phenomenological Ontology*, trans. Hazel E. Barnes (Lodon and New York: Routledge, 2003), p. 17.
5. Ibid., p. 2.
6. McCulloch, Gregory, *Using Sartre: An Analytical Introduction to Early Sartrean Themes* (London and New York: Routledge, 1994), p. 115.
7. Sartre, Jean-Paul, *Being and Nothingness: An Essay on Phenomenological Ontology*, trans. Hazel E. Barnes (Lodon and New York: Routledge, 2003), pp. 33~35.
8. Ibid., p. 33.
9. Ibid., p. 34.
10. Ibid., p. 86.
11. Ibid., p. 146.
12. Sartre, Jean-Paul, *The Age of Reason*, trans. David Caute (London: Penguin, 2001), p. 19.
13. Sartre, Jean-Paul, *Being and Nothingness: An Essay on Phenomenological Ontology*, trans. Hazel E. Barnes (Lodon and New York: Routledge, 2003), p. 245.

14. Sartre, Jean-Paul, *In Camera (No Exit or Behind Closed Doors)*, trans. Stuart Gilbert, in *In Camera and Other Plays* (Harmondsworth: Penguin, 1990), p. 223.
15. Sartre, Jean-Paul, *Being and Nothingness: An Essay on Phenomenological Ontology*, trans. Hazel E. Barnes (Lodon and New York: Routledge, 2003), p. 462.
16. Ibid., p. 503.
17. de Beauvoir, Simone, *The Ethics of Ambiguity*, trans. Bernard Frechtman (New York: Citadel Press, 2000), p. 81.
18. Sartre, Jean-Paul, *Being and Nothingness: An Essay on Phenomenological Ontology*, trans. Hazel E. Barnes (Lodon and New York: Routledge, 2003), p. 352.
19. Ibid., pp. 53~56.
20. Ibid., p. 53.
21. Ibid., p. 71.
22. Ibid., p. 75.
23. Ibid., p. 79.
24. Ibid., p. 82.
25. Sartre, Jean-Paul, *War Diaries: Notebooks from a Phoney War, 1939-1940*, trans. Quintin Hoare (London: Verso, 2000), p. 54.
26. Sartre, Jean-Paul, *Being and Nothingness: An Essay on Phenomenological Ontology*, trans. Hazel E. Barnes (Lodon and New York: Routledge, 2003), p. 87.
27. Sartre, Jean-Paul, *Truth and Existence*, trans. Adrian van den Hoven (Chicago: University of Chicago Press, 1995), p. 33.
28. Sartre, Jean-Paul, *Nausea*, trans. Robert Baldick (London: Penguin, 2000), pp. 32~33.
29. Kierkegaard, Søren, *Concluding Unscientific Postscript*, trans. Alastair Hannay (Cambridge: Cambridge University Press, 2009), p. 175.

30. Sartre, Jean-Paul, *Nausea*, trans. Robert Baldick (London: Penguin, 2000), p. 147.
31. Murdoch, Iris, *Sartre: Romantic Rationalist* (London: Fontana, 1968), p. 12.
32. Sartre, Jean-Paul, *Nausea*, trans. Robert Baldick (London: Penguin, 2000), p. 124.
33. Ibid., pp. 67~68.
34. Nietzsche, Friedrich, *Beyond Good and Evil: Prelude to a Philosophy of the Future*, trans. R. J. Hollingdale (London: Penguin, 2003), 188, p. 112.
35. Sartre, Jean-Paul, *War Diaries: Notebooks from a Phoney War, 1939-1940*, trans. Quintin Hoare (London: Verso, 2000), p. 113.
36. Ibid., p. 112.
37. Ibid., p. 112.
38. Ibid., p. 112.
39. Ibid., p. 54.
40. Ibid., p. 54.
41. Ibid., p. 113.
42. Ibid., p. 110.
43. de Beauvoir, Simone, *The Ethics of Ambiguity*, trans. Bernard Frechtman (New York: Citadel Press, 2000), p. 52.
44. Sartre, Jean-Paul, *War Diaries: Notebooks from a Phoney War*, 1939-1940, trans. Quintin Hoare (London: Verso, 2000), p. 112.
45. Ibid., p. 112.
46. Ibid., pp. 220~221.
47. Ibid., pp. 220~221.
48. Ibid., p. 221.
49. Ibid., p. 221.
50. Ibid., p. 221.

51. Ibid., p. 221.
52. Ibid., p. 62.
53. Donne, John, *Meditation, XVll*, in Donne, *Selected Poems* (London: Penguin, 2006).
54. Golomb, Jacob, *'Nietzsche on Authenticity'*, *Philosophy Today*, vol. 34, 1990. p. 254.
55. Nietzsche, Friedrich, *Beyond Good and Evil: Prelude to a Philosophy of the Future*, trans. R. J. Hollingdale (London: Penguin, 2003), 116, p. 97.
56. Nietzsche, Friedrich, *Thus Spoke Zarathustra*, trans. Graham Parkes (Oxford: Oxford University Press, 2005), p. 161.
57. Nietzsche, Friedrich, *The Gay Science*, trans. Walter Kaufmann (New York: Vintage Press, 1974), 341, pp. 273~274.
58. Nietzsche, Friedrich, *Ecce Homo: How One Becomes What One Is*, trans. R. J. Hollingdale (London: Penguin, 2004), p. 68.
59. Heidegger, Martin, *Being and Time*, trans. John Macquarrie and Edward Robinson (Oxford: Blackwell, 1993), p. 307.
60. Ibid., p. 30.
61. de Beauvoir, Simone, *The Ethics of Ambiguity*, trans. Bernard Frechtman (New York: Citadel Press, 2000), p. 82.
62. van Deurzen-Smith, Emmy, *Existential Counselling and Psychotherapy in Practice* (Thousand Oaks, CA: Sage, 2002), p. 236.
63. Belkin, Gary S., *Introduction to Counselling* (Dubuque, IA: W. C. Brown, 1988), p. 187.

실존주의자로 사는 법

How To Be an Existentialist

펴낸날 2012년 10월 22일 초판 1쇄
2024년 4월 30일 개정판 2쇄
지은이 게리 콕스
옮긴이 지여울
만들어 펴낸이 정우진 강진영 김지영
꾸민이 Moon&Park(dacida@hanmail.net)
펴낸곳 (04091) 서울 마포구 토정로 222 한국출판콘텐츠센터 420호 도서출판 황소걸음
편집부 (02) 3272-8863
영업부 (02) 3272-8865
팩 스 (02) 717-7725
이메일 bullsbook@hanmail.net / bullsbook@naver.com
등 록 제22-243호(2000년 9월 18일)
ISBN 979-11-86821-90-9 03160

황소걸음
Slow&Steady

- 정성을 다해 만든 책입니다. 읽고 주위에 권해주시길…
- 잘못된 책은 바꿔드립니다. 값은 뒤표지에 있습니다.